具有二级市场的供应链管理研究

RESEARCH ON SUPPLY CHAIN MANAGEMENT
WITH SECONDARY MARKET

王丽颖◎著

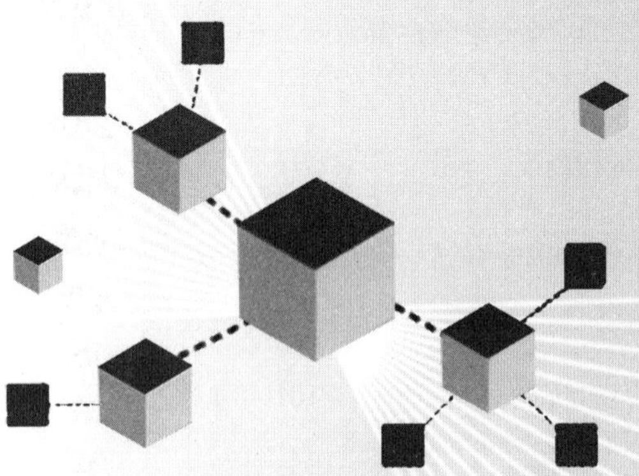

经济管理出版社
ECONOMY & MANAGEMENT PUBLISHING HOUSE

图书在版编目（CIP）数据

具有二级市场的供应链管理研究/王丽颖著．—北京：经济管理出版社，2019. 8
ISBN 978 - 7 - 5096 - 6753 - 8

Ⅰ. ①具…　Ⅱ. ①王…　Ⅲ. ①供应链管理—研究　Ⅳ. ①F252. 1

中国版本图书馆 CIP 数据核字(2019)第 143417 号

组稿编辑：张永美
责任编辑：赵亚荣
责任印制：黄章平
责任校对：王纪慧

出版发行：经济管理出版社
（北京市海淀区北蜂窝 8 号中雅大厦 A 座 11 层　100038）
网　　址：www. E - mp. com. cn
电　　话：（010）51915602
印　　刷：北京晨旭印刷厂
经　　销：新华书店
开　　本：720mm × 1000mm/16
印　　张：8
字　　数：144 千字
版　　次：2019 年10月第 1 版　　2019 年10月第 1 次印刷
书　　号：ISBN 978 - 7 - 5096 - 6753 - 8
定　　价：40. 00 元

前言

随着知识经济和信息技术的高速发展，互联网已渗入到社会经济活动的各个层面，电子商务将企业和消费者紧密地联系在一起。与此同时，二级市场正蓬勃发展，与一级市场交互影响。此外，策略型消费者的出现也为二级市场的发展带来了新的挑战。在电子商务渠道下，二级市场在发展过程中面临着许多问题。如何理解和利用二级市场发展带来的机会？如何避免二级市场的销售抢夺一级市场上的利润？如何在在线二级市场的背景下，理解制造商与零售商之间的关系？这些问题是实业界与学术界都将面临的难题。基于以上背景，本书在前人研究的基础上，创新性地将电子商务渠道和策略型消费者引入二级市场研究中，并采用优化方法和博弈论分析方法，对二级市场上的供应链运作机制进行了探讨和分析，以解释供应链中二级市场的现象，并为相关企业提供决策参考，进而为下一步研究打下基础。

第 3 章研究了零售企业在销售季节开始前仅获得有限的市场信息，并将商品在一级市场销售之后以折扣价格在二级市场上继续销售的情况。笔者采用一般优化方法，研究了零售企业在传统的二级市场背景下的两阶段模型，并在较宽松的需求假设下分析了模型所具有的性质，通过求解得到了企业对季节性商品的订货量决策和商品在两级市场间转换时机决策所要满足的最优条件。研究结论表明，零售商的收益函数关于转换时机决策和订购量决策为联合凹，且转换时机决策与订购量决策并非线性关系。

第 4 章以电影行业作为二级市场研究的实际背景，指出二级市场上电子商务渠道使一级市场和二级市场的需求存在交互影响。笔者在给定价格路径的设定下，采用一般优化方法，研究了零售商在两级市场间转换时机决策及其在二级市场上的最优供给量决策。研究结论表明，零售商在二级市场上对产品的最优供给量决策是关于最优转换时机决策的线性表达，且最优转换时机呈广义减的单调变化。

第 5 章创新性地将策略型消费者引入二级市场的决策分析中。在本章，笔者研究了零售商在分散供应链系统和集中供应链系统下，面向一级市场上的策略型消费者和二级市场上的短视型消费者销售时，在两级市场上的最优定价决策。研究结论表明，在分散式供应链结构下，零售商在一级市场和二级市场上的销售价格存在单调关系，零售商在二级市场上的最优销售价格为一级市场销售价格的广义增函数。在集中式供应结构下，零售商在一级市场和二级市场的最优销售价格和利润依赖于两级市场上消费者的规模，并受消费者感知价值折扣的影响。

第 6 章在前文研究的基础上，考虑了回购协议对具有策略型消费者的电子商务二级市场研究的影响。笔者在由一个制造商和一个零售商构成的集中式供应链结构和分散式供应链结构下，分析了在面向策略型消费者的情景下，制造商和零售商在一级市场和在线二级市场上的最优回购协议和零售商的最优订购决策。研究结论表明，在集中供应链结构中，制造商向第三方独立电子商务平台支付的单位使用成本越高，其最优期望利润越少，制造商的最优生产量也越小。在分散式供应链结构下，为零售商的最优订购量等于集中式供应链下的制造商的最优生产量，求解出的制造商最优批发价格和最优回购价格与零售商的议价能力有关。

本书整体上讨论了目前一级市场和二级市场中零售商的转换时间决策、订购量决策和定价决策，并研究在存在回购协议的二级市场供应链结构中，制造商与零售商的协调机制。本书的研究在一定程度上分析并解决了目前二级市场上存在的矛盾与问题，希望可以为未来该方向的研究提供一定的参考价值。

目 录

1 绪论

【本章介绍】本章主要阐述了本书的研究背景、研究的必要性、研究内容及主要创新点，进而提出本书的研究方法，建立了本书的整体框架。

1.1 研究背景

本节阐述本书的选题背景和研究意义。本书关注的问题是易逝品在具有二级市场的传统供应链环境和电子商务供应链环境中，零售商在一级市场和二级市场之间的转换时机决策、订购决策、定价决策和与制造商间的回购协议制定决策对供应链设计和管理的影响。本书的研究主要基于以下四方面的实际背景。

1.1.1 科技进步和竞争加剧，易逝品管理面临新的挑战

易逝性（Perishability）原来用以描述具有时令属性的瓜果和蔬菜等农产品，说明这类产品不容易保存，腐烂后便再也不能出售的特性。L R. Weatherford 等（1992）在其文章中拓展了易逝性这一概念的适用范围，提出了易逝品（Perishable Assets/Products）的概念，认为易逝品是存在销售时间限制，产品的价值或品质随着时间流逝，销售期结束后产品的残值为零或很低的一类产品。根据这一定义，在特定时期内出现价值急剧衰退或完全消失的产品都可以称为易逝品。易逝品的本质特征是具有较短的货架周期，产品存在销售时间的限制，当到达销售季节的一个特定时点后，若产品还未被售出去，则产品残值很小甚至为负值。易逝品又称季节性产品（Seasonal Assets/Products）、易腐蚀性产品或短生命周期产品。

高速发展的科学技术和日益激烈的市场竞争，使各类产品的生命周期不断缩短，特别是高科技产品更新换代的速度不断加快。在此经济环境下，越来越多的产品显现出了易逝品的特性，如笔记本电脑、手机等电子产品和信息产品。根据C. Tsiros等（2005）的研究结论可知，消费者对产品感知价值的风险在临近产品保质期时会出现显著的提升，这一现象会导致出现产品滞销的结果。易逝品的易腐蚀性特征使零售商在销售和管理这类产品时面临巨大的困难（Feng和Xiao，1999）。根据Talluri和van Ryzin（2005），对于追求利益最大化的厂商来说，传统固定的定价方式对具有易逝品特征的产品并不适用。所以，专注于易逝品价格管理的动态定价研究极具必要性，并正在发挥着越来越重要的作用。贝恩公司（Bain）的一项调查结果表明，价格优化模型已成为全球25种最流行的管理工具之一。专注于易逝品价格管理的动态定价方法是指企业根据产品特性、市场需求状态和企业自身对产品的生产供给能力，将同一种产品以不同的价格在不同的时间销售给不同的消费者群体或不同的细分市场，并以此实现收益最大化的一种定价方法。动态定价方法的动态性体现在产品的销售主体对同一种产品的销售价格决策会随时间的变化而变化，不同于对产品采用单一、不变价格进行销售的静态定价策略。收益管理中动态定价主要有两类决策：第一类，面对不同的顾客群制定价格的决策；第二类，价格决策随时间变化的分析。其中，市场需求随时间流逝和产品销售价格的变化而波动，且产品的销售市场可以进行细分是实施动态定价策略的两个前提条件。Elmaghraby和Keskinocak（2003）总结了动态定价能够得以广泛实施的三个主要原因：首先，决策者在信息技术日益普及的环境下，能够更容易地采集和分析相关需求信息；其次，动态定价技术的实施在新技术的应用背景下成本有显著降低，这使动态定价技术能够在更广泛的范围内应用；最后，大规模数据分析等技术的发展让动态定价具有越来越多的决策支持工具。

1.1.2 电子商务业务范围和总体规模呈现快速扩张

电子商务（E－Commerce，EC）是指以计算机网络为基础所进行的各种商务活动，包括商品和服务的提供者、广告商、消费者、中介商等有关各方行为的总和。网络渠道特指以网络为媒介的销售渠道，也称在线渠道（On－Line Channel）、电子渠道（Electronic Channel）和因特网渠道（Internet Channel，Web Channel）。

随着知识经济和信息技术的高速发展，互联网已渗入到社会经济活动的各个层面，电子商务已将企业和消费者紧密地联系在一起。我国大陆地区的电子商务发展呈现以下趋势：第一，网络购物用户规模逐步增长，市场规模继续扩张，电子商务已逐步走入成熟发展阶段；第二，Levis、雷朋、松下等各大传统企业加速进入电子商务领域，管理创新模式不断涌现，进一步带动电子商务市场快速发展；第三，B2C 份额快速提升，将成为未来电子商务的核心；第四，新疆地区电子商务订单的复合增长率排名第一，山西、甘肃地区的订单增长率紧随新疆地区之后，此外二、三线中小城市和内陆地区成为区域电子商务发展的新增长极。

以往有关易逝品动态定价的研究文献的主要关注点在于市场内的垄断性厂商如何采用动态定价的方法，来实现企业期望收益的最大化。电子商务蓬勃发展的浪潮在改变传统产业结构和企业交易方式的同时，也在改变供应链管理领域中的定价策略。因此，电子商务的迅猛发展在为动态定价方法的广泛实施提供更为有利的环境的同时，也为动态定价的应用提出了新的挑战。

1.1.3 二级市场蓬勃发展，与一级市场交互影响

根据 Tibben - Lembke（2004），我们给出二级市场的广义定义：当产品在初级渠道之外进行销售，则称产品进入了二级市场。二级市场包括降价、折扣店、第三方、通过拍卖销售和处置过量库存、客户退货管理和在闭环供应链里销售全新的或使用过的产品等多种形式。在文献中，有关二级市场（Secondary Market）概念的使用主要分为两大类。其中，第一类二级市场也称为二手市场（Second - Hand Market），特定为使用过的产品在一级市场外的交易形式。本书研究的问题关注于第二类，特定为全新产品在一级市场外的销售问题，也即不考虑消费者之间的交易。一级市场和二级市场的本质区别在于产品在两类市场上的销售存在时间上的先后性。在线二级市场是指借助网络实现二级市场上产品或服务从商家/卖家转移到最终消费者的过程，采取在线渠道方式实现二级市场销售。

对于具有明显易逝品特征的服装行业，2012 年的关键词是“库存”。目前，国内服装业爆发库存危机的新闻不断见诸报端，业内盛传，即使中国所有的服装企业停业，库存量也够在服装市场上销售三年。根据相关新闻报道，截止到2012年9月，我国纺织服装行业上市公司的库存金额合计为730.7 亿元。而根据相关数据，在2012 年前10 个月的销售期内，纺织服装行业整体实现的利润总额仅为708.1 亿元，相比之下，远低于同期行业内的库存积压金额。与此相比，在国内服装一级市场全面爆发库存危机的情况下，尾货市场、奥特莱斯商店等各类二级市场正在蓬勃发展。目前，奥特莱斯商店也在全国如雨后春笋般兴起，除北京外，长沙、济南和海南等地也开业多家新店。以往，奥特莱斯商店仅销售残次品

和过季滞销商品，且店面都被刻意建在了距主要城市至少 96 千米以外的地方，所以它们不会与企业的零售业务形成竞争。而今天，奥特莱斯商店距离城市更近了，一般都不到 48 千米。此外，一个更为明显的变化是电子商务渠道的发展进一步带动了在线二级市场的发展。尾货市场早已开始了其在电子商务领域的发展，最常见的形式为在淘宝网等电子商务平台开设在线店铺进行销售。奥特莱斯也纷纷依靠各类电商，寻求在线渠道的发展，如当当网上的奥特莱斯、赛特奥莱、上品优价折扣网等。Ochirly、Only 等服装品牌通过延迟当季新款产品在天猫旗舰店的上市时间来避免自身在一级市场和二级市场上的竞争。

正确的定价决策和库存决策是二级市场的兴起及其与电子商务的结合推广成功的必要条件之一。一级市场和二级市场在本质上有时间先后的区别，传统的二级市场因与一级市场存在地域上的隔离，目标消费者群体的需求相对独立。随着电子商务的迅猛发展，通过在线渠道，两级市场上的需求被紧密地联系在一起，当消费者预期到未来会存在二级市场且可以通过电子商务渠道实现购买时，一级市场上的消费者可能会放弃在一级市场上的当期购买，而选择等待一段时间后在二级市场上购买。虽然电子商务渠道已得到一段时间的发展，且已有一些相关研究给出了一些很有意义的管理借鉴，但在二级市场中，电子商务渠道的应用还是一个很新的现象，在研究中也存在着一定的空白。

1.1.4 消费者行为对供应链管理产生着越发深远的影响

对策略型消费者行为的研究最早出现在经济学文献中，诺贝尔经济学奖获得者 Coase（1972）提出，如果顾客理智地等待商品降价，即使在垄断情景下，厂商也可能被迫以边际成本出售商品。根据 Elmaghraby 和 Keskinocak（2003），消费者在支付意愿和决策行为两个维度上存在差异，文献中通常从这两个维度来刻画消费者的异质性：第一，在支付意愿维度上，不同的消费者具有不同的支付意愿。第二，在消费心理和行为特征维度上，消费者分为短视型和策略型两种类型。短视型消费者只要产品定价低于支付意愿就会选择购买，而策略型消费者在产品定价低于支付意愿时还会考虑到将来有可能以更低的价格购买而拒绝现在购买。据此，给出本书中关于策略型消费者的界定：策略型消费者是指能将企业未来降价的可能性考虑到当前购买决策中的一类消费者，与短视型消费者相对应。

传统易逝品动态定价研究主要基于消费者为短视型的假设。但随着信息技术的飞速发展和产品市场的越发完善，消费者需求呈现多样化趋势，同时，电子商务渠道的日益扩张使消费者可以跨期和跨市场购买，通过权衡产品价格和购买时机做出符合自身效用最大化的购买决策。消费者可以通过互联网更容易地获得产品价格、供应数量等市场信息进而变得越来越具有策略性，即权衡自身在每一阶段可能得到的不同消费者剩余，然后决定最佳的购买时机。Avivi 和 Pazgal（2008）研究了消费者为策略型消费者时有限库存的季节性商品的动态定价问题，指出了策略型消费者的行为减小了传统动态定价的优势，若误将策略型消费者看作短视型消费者，遭受的收益损失将约为 20%。Besanko 和 Winston（1990）探讨了无限生产能力下新产品的动态定价问题，研究表明策略型消费者的存在令最优价格下降，沿用短视型消费者的定价模型会损失约 60% 的收益。

综上，易逝品的日益普及和产品本身生命周期的不断缩短，使动态定价正在成为企业最重要的管理工具之一。电子商务业务范围和总体规模的扩张，促进在线二级市场的蓬勃发展，并与一级市场之间产生交互影响。伴随着信息技术和电子商务渠道的发展，策略型消费者的行为对动态定价以至整个供应链管理提出了新的挑战。以上这些实业界和学术界发生的新现象和提出的新问题，奠定了本书在现实和理论上的研究背景和意义。

1.2 研究的必要性

1.2.1 二级市场上动态定价机制的重要性

以往文献的研究结论和现实生活中的经济活动表明，产品的销售价格是调节消费者需求最为有效的经济手段之一。随着互联网应用的日益普及和易逝品影响范围的加深，企业间竞争的方式也日益趋于多样化（Diversity）和激烈化（Turbulent）。作为易逝品收益管理的主要工具，动态定价对于企业在激烈的竞争环境中获得成功起着至关重要的作用。

目前爆发的服装等易逝品行业的库存危机，以及二级市场的兴起和其在电子商务环境下呈现出的新特点，使动态定价机制的重要性进一步提升。

1.2.2 消费者行为的重要影响

策略型消费者的行为已对易逝品的动态定价产生了重大的影响。当消费者基于当前零售商的库存数量以及市场需求，预期厂商会在未来的某一时点降价促销，消费者有可能做出等待行为。面临消费者的策略性等待行为以及市场竞争的加剧，零售商会被迫采用降价等促销手段，从而在市场上形成“价格战”等恶性竞争循环。Stockey（1981）证明了对于可以预测零售商销售价格路径的理性消费者，会在产品销售的最后阶段再做出是否购买产品的决策。Su 和 Zhang（2008）提出，随着社会和经济的发展，消费者的知识更加丰富，并愿意等待更长的时间以尽可能低的价格购买产品。通过总结以往对策略型消费者动态定价问题的研究，可以归纳出以下结论：①当面对策略型消费者时，提前对折扣做出承诺能够给销售商带来好处；②策略型消费者的行为会令库存水平对产品价格折扣程度更具影响力；③忽视策略型消费者会令企业蒙受较大损失。

1.2.3 已有研究的不足

对于动态定价机制已有很多相关研究，早期的动态定价研究主要集中在易逝品收入管理方面，主要有以下几个方面的研究：第一，零售商单一动态定价决策（Gallego 和 van Ryzin，1994；Feng 和 Gallego，1995；Birtan 等，1998；Zhao 和 Zheng，2000）。第二，零售商联合制定动态定价决策和订购量决策（Rao 等，1984；Smith，1992；Feng 和 Xiao，2000）。此外，Kannan 和 Praveen（2001）研究了电子商务渠道下动态定价的相关决策影响。但以往的研究并没有考虑与一级市场相比，在时间上先后区别的二级市场对动态定价的影响，尤其是对电子商务环境下在线二级市场的动态定价问题的研究存在一定空白。本书在考虑电子商务、二级市场以及两者之间结合所引起的需求转移的情景下，研究了动态定价机制中的降价时点决策和订购量决策等。

随着电子商务的迅猛发展，二级市场越发兴盛。已逐渐开始有学者研究具有在线渠道的二级市场问题，但相关研究还较少，是一个新兴的研究领域。

1.3 研究内容及主要创新点

1.3.1 研究内容与结构

针对现有研究的不足，本书主要分析在具有二级市场的传统供应链环境和电子商务供应链环境中，零售商在一级市场和二级市场之间的转换时机决策、订购决策和定价决策对供应链设计和管理的影响。

在研究传统二级市场时，分析了零售企业在销售季节开始前仅获得有限的市场信息，并将商品在一级市场销售之后以折扣价格在二级市场上继续销售的情况。我们在更宽泛的需求模型构建下，研究零售商在一级市场和二级市场上的最优转换时机和订购数量决策。在研究电子商务渠道下的二级市场时，我们在给定价格路径的设定下，采用一般优化方法，研究了零售商在两级市场间的转换时机决策及其在二级市场上的最优供给量决策，并创新性地将策略型消费者引入到二级市场的决策分析中。我们研究了零售商在分散供应链系统和集中供应链系统下，面向一级市场上的策略型消费者和二级市场上的短视型消费者销售时，在两级市场上的最优定价决策，并考虑了回购协议对具有策略型消费者的电子商务二级市场研究的影响。从结构上看，本书可分为以下三个部分：

第一部分，介绍本书的研究背景、研究的必要性、主要创新点以及相关文献综述，即本书的第 1 章和第 2 章。

第二部分，本书的核心部分。首先分析传统二级市场上零售商的最优转换时机决策和最优订购量决策；其次在引入电子商务分析的基础上，研究了在线二级市场上零售商的最优转换时机决策和在二级市场上的最优供给量决策；最后在存在消费者策略性行为的情景下，分析了市场上垄断零售厂商的最优定价决策，并研究了回购协议对具有策略型消费者的电子商务二级市场研究的影响。该部分包括本书的第 3 章至第 6 章。

第三部分，总结。首先对本书研究的主要结论进行总结分析，然后进一步指出本书研究的不足，以及未来研究的拓展方向。该部分为本书的第 7 章。

由此本书形成了一个逻辑比较合理的研究框架，在此框架下本书系统地研究了二级市场的供应链运作机制，以及电子商务和策略型消费者对二级市场运营造成的影响。各章节的主要内容如图 1－1 所示。

1.3.2 主要创新点

本书将二级市场与易逝品管理、电子商务和策略型消费者行为相结合，研究的创新点在于：①在第 3 章对零售商在一级市场和二级市场间转换时机决策的研究上，我们将以往文献中关于需求函数分布的假设进一步放宽，在较宽松的需求分布假设下，分析了零售企业在第一阶段面对不确定性市场信息时决定订购数量，在第二阶段观察到市场状态后决定进行市场转换的时机，并在此基础上研究了零售企业两阶段收益函数的结构性质。②在第 4 章的研究中，我们与以往研究

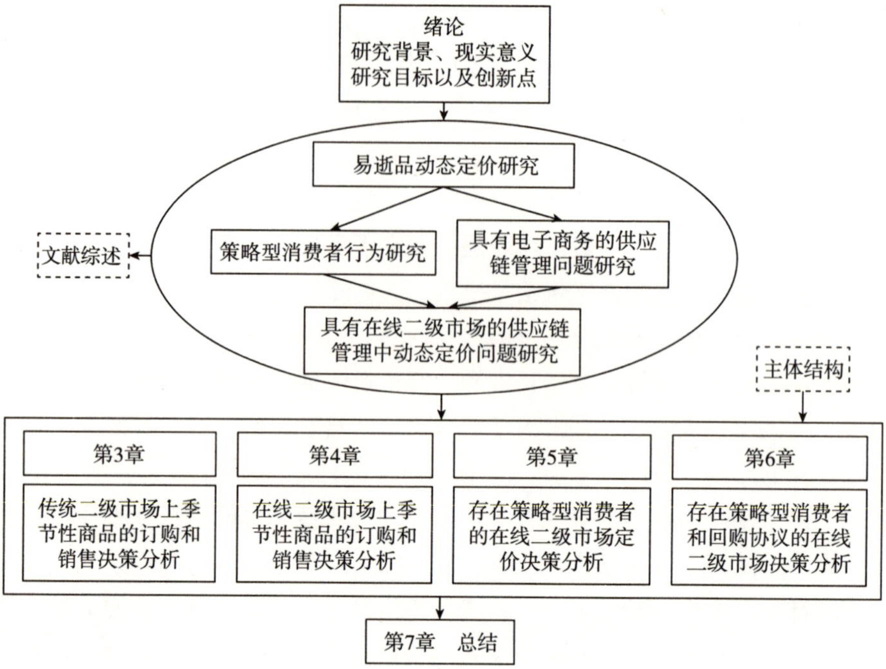

图 1－1　本书组织结构

传统二级市场的文献有所区别。本书将电子商务渠道与二级市场的研究相结合，并以电影行业作为实际背景。在一级市场和二级市场需求因电子商务渠道而存在交互影响的情景下，分析了零售商在一级市场上的转换时机决策和在二级市场上的最优供给量决策。③在第 5 章和第 6 章的研究中，在第 4 章将电子商务渠道与二级市场研究结合的基础上，我们创新性地将策略型消费者对供应链的影响分析引入到二级市场的研究中。其中，第 5 章考虑了零售商在电子商务渠道的二级市场背景下，面对一级市场为策略型消费者、二级市场为短视型消费者情景下的定价决策；第 6 章基于策略型消费者和电子商务二级市场的研究情景，分析了在存在回购协议时，零售商面向一级市场销售的最优订购量决策，以及制造商的最优批发价格和回购价格决策，并在一定程度上分析了第三方独立电子商务平台对供应链系统的影响。

1.4 研究方法

1.4.1 博弈论

博弈论（Game Theory，也被翻译为对策论或游戏论）是目前社会科学领域较为重要的理论方法之一。博弈论利用数学工具对各种经济现象进行了深入的规范分析，研究各决策主体在利益相互约束下策略选择时的理性行为及相应均衡性问题。在博弈论中，与传统经济学研究范式相同，研究的基本出发点是决策主体为理性人的假设，体现为效用最大化模型，当存在风险或不确定性的情景则为期望效用最大化模型，也即各个决策主体要在一定的约束条件下选择能够使自己的效用或期望效用最大化的策略。与决策论相比，博弈论中的每个决策主体之间的利益存在相互关联，因而博弈论更为强调决策主体策略选择上的相互关联性，每个决策主体的最佳策略都要考虑到其他决策主体的策略选择行为，博弈论的研究重点就在于这种策略之间的相互影响以及均衡的形成机制。

到现今为止，博弈论的理论体系已发展得较为完善和丰富。博弈论在各种经济学科中都得到了深入应用，并已成为主流经济学不可或缺的一部分，其对微观经济学的影响更为显著，实际上存在一种用博弈论来改写微观经济学的浪潮。目前，博弈论已经在经济学研究领域中得到广泛应用，并产生了许多经典的模型。本书对消费者和零售商之间互动关系的分析将立足于博弈论的思想。

1.4.2 动态规划

动态规划（Dynamic Programming）属于运筹学范畴。它是解决多阶段决策过程最优化的一种数学方法。总体而言，动态优化方法通过将多阶段决策问题转换为单阶段决策问题实现全局最优。其中，各个单阶段问题相互联系，并通过对单阶段问题逐个加以解决，来实现全局总体最优。本书在分析易逝品的动态定价机制时，考虑了无论是产品价格还是消费者的感知价格，都随着时间的推移而变化。因此，本书在解决零售商如何优化动态定价，最终达到整个销售期内的利润最大化问题时，将立足于动态规划的思想。

1.4.3 定量分析与定性分析结合

定性分析涵盖对现有研究文献的收集和分析，包括对国内外相关文献的研读和吸收，了解当今的研究前沿和已取得的研究成果，学习相关的研究方法，并分析现有研究的不足之处，特别是综合考虑电子商务和二级市场相结合下，消费者的购买决策对价格决策和收益的影响，考虑如何引入应对机制来达到零售商在一级市场和二级市场上的总体最优。同时，数学建模方法是分析本书研究问题的主要手段，属于定量分析的研究方法。

1.5 本章小结

基于以上分析可知，本书的研究主要基于易逝品在一级市场与二级市场之间的动态定价与消费者策略行为等领域的理论与实务。本章对研究的必要性进行了阐述，对研究方法进行了简要介绍，并指出了研究的主要内容和框架。

2 文献综述

【本章介绍】本章对本书研究涉及的四个主要领域的相关文献进行了简要评述，首先，界定了易逝品、动态定价等相关的概念，回顾与易逝品动态定价相关的理论和模型。其次，对二级市场和消费者行为的相关研究进行总结，分析了零售商和消费者策略行为的相互作用。最后，在对已有的相关文献进行简要评述的基础上，提出本书的主要研究问题。

2.1 易逝品动态定价研究

2.1.1 易逝品和动态定价的界定

根据 L. R. Weatherford 和 S. E. Bodily（1993）的研究结果，我们给出易逝品的定义，易逝品是指具有生产提前期较长、销售周期较短、产品期末残值为零甚至为负值、需求具有较大不确定性这些属性的一类产品。在现实经济活动中，常见的易逝品有农产品、纺织服装、报纸杂志，以及航空客货运输、宾馆酒店等各类产品和服务。Narahari 等（2005）指出，随着科技的进步和市场竞争的加剧，越来越多的电子产品和信息产品都具有了易逝品的特征。除了产品的易逝性这一基本特征外，易逝品还具有以下特征：①不可存储或者储存成本很高；②可以进行分类并实行差别定价；③对同一产品可以在不同销售地区实行差异化定价；④需求的波动性较大；⑤具有较高的固定成本和较低的边际成本。易逝品的这些特征使其定价方法与以往适用于耐用性商品的定价方法有较大区别，基于易逝品具有的特征，针对易逝品的动态定价方法应运而生。

Kannan 等（2001）认为，动态定价是指随着时间、地点、消费者群体的不同，而不断对产品销售价格进行调整的一种定价方式，也被称为灵活定价或者个性化定价。周晶和杨慧（2009）认为，动态定价是指企业根据市场需求和自身供给能力，以不同的价格将同一种产品适时地销售给不同顾客或不同细分市场以实现收益最大化的一种策略。Narahari 等（2005）指出，动态定价包括价格差别（Price Dispersion）和价格歧视（Price Discrimination）这两个方面的内容。其中，价格差别可以是时间上的，也可以是空间上的。在时间方面体现的价格差别是指厂商对价格的制定随时间的变化而变化，决策的制定依据各个时点上厂商对产品供给能力和市场上的需求情况。在空间方面体现的价格差别是指厂商根据产品所在销售地点的不同对产品制定不同销售价格。价格歧视是指厂商对于同一种商品，面向不同的顾客群体制定不同的销售价格。文献中通常将价格歧视分为三种类型：第一类价格歧视也称为一级价格歧视。这类价格歧视是指厂商基于顾客差异化的感知价值，对单位产品的销售制定在可能范围内的最高价格。第二类价格歧视也称为二级价格歧视。这类价格歧视基于销售批量，厂商根据消费者对批量产品的最高支付意愿来制定销售价格。当销售批量为单位产品时，一级价格歧视与二级价格歧视没有区别。第三类价格歧视也称为三级价格歧视。该类价格歧视是指厂商对同一种产品在不同地区范围的市场制定不同的销售价格，或在同一市场上，针对不同顾客群体制定不同的销售价格。三级价格歧视通常基于产品的异质属性。

Elmaghraby 等（2003）根据定价方式方法的不同，将定价机制分为标价机制（Posted – Price Mechanism）和价格发现机制（Price – Discovery Mechanism）。其中，标价机制又分为固定机制（Fixed – Posted Price Mechanism）和动态机制（Dynamic – Posted Price Mechanism）两类。标价机制是指厂商采用标签标价的方式来销售产品，消费者根据自身对产品的保留价值对比标签价格决定是否购买产品。标价机制中的固定机制是指产品的销售价格在整个销售期内保持不变，而动态机制是指厂商根据产品的市场需求、供给能力等因素，随时间的变化改变价格，将产品以不同的价格在合适的时间和地点销售给目标客户群体。基于此，可知 Elmaghraby 等（2003）所述的动态机制本质上即为动态定价。此外，价格发现机制多采用拍卖（Auction）方式完成交易过程。表 2 – 1 所示是几种常见的动态定价方式。

表 2-1 动态定价的常见类型

常见的动态定价	类型	举例
动态标价	基于时间定价	电影行业、航空企业
	优惠券促销	超市
拍卖	英式、荷兰式拍卖	Egghead. com
	逆向拍卖	Priceling. com
捆绑定价	数量折扣	Mobshop. com
	产品、服务的捆绑	Dell Online

V. Kumer（1998）指出，厂商实施动态定价应具备下述四个条件：①顾客对产品的感知价值存在差异；②产品市场可以细分；③兼顾顾客的公平感，并避免其产生套利行为；④市场需求随时间和价格波动。

本书所讨论的易逝品的动态定价，是根据产品易逝性的特征，随着时间的变化对同一产品面向不同的市场和不同的客户群体制定不同的价格，属于标价方式中动态标价的一种。

2.1.2 动态定价的经济学意义

定价研究涉及的领域众多，如运营管理、经济学、市场营销等，因动态定价涉及大量的数学模型，因此认为其仍属于运营管理领域，虽然部分学者认为动态定价只是经济学中的差别定价的翻版。当今的网络技术和电子商务的迅猛发展使动态定价方法的实施不仅在理论上成为可能，而且在事实上完全可行。

微观经济学的研究理论认为价格歧视有助于实现经济的帕累托最优。动态定价方法在固定成本较高、边际成本相对较低的产业尤为适用，如航空业、汽车出租、电信和能源供应等行业。实践证明，动态定价能显著提高具有此类特征行业的企业收益。Smith 等（1992）通过数据发现，动态定价方法使美国航空业的收益提高了 3% ~ 5%。R. Metters 等（2008）指出，通过实施动态定价方法，Harrah 娱乐有限公司旗下的 Cherokee 品牌的赌场和宾馆的收益提高了 15%。对于此类高固定成本、低边际成本的行业，动态定价方法对于企业在高竞争环境下的生存是必要的。

在传统的经济学研究文献中，价格为厂商的决策变量，实际销售量为市场决定的变量。与此不同，在动态定价的研究范式中，厂商将产品销售价格看作自变量，通过调整价格来增加企业收益。与传统的定价理论和方法不同，首先，动态定价是一种面向市场的定价方法而不是面向成本的定价方法，对于支付意愿不同的消费者，多级价格设置有利于满足不同类型消费者的需求。其次，动态定价面向的是细分的微观市场。随着消费者群体多元化特点的日益凸显，动态定价更适合企业根据顾客特征进行细分微观市场研究。随着科技的发展，电子商务渠道和二级市场的出现，更使动态定价凸显出日益重要的作用。市场调研机构扬基集团（Yankee Group）的调查报告显示，动态定价能力已经逐渐成为企业的核心竞争力。

2.1.3 易逝品的动态定价模型

对于定价模型的研究主要有两个角度：第一个角度是从经济学的视角研究行业范围内的价格制定问题；第二个角度是从企业生产运营的角度研究定价决策。前者包括从经济学的垄断价格歧视原理以及市场竞争均衡理论的角度研究定价问题；后者主要是研究动态定价问题，从收益管理的角度研究定价决策中价格变化的时间（何时）和方向（升降）问题，决策目标是收益最大化。基于本书的研究问题，我们主要关注第二类视角，也即动态定价的相关模型。动态定价的研究主要是从20世纪90年代开始的，根据研究对象和研究情景的不同，有关动态定价的模型研究可以分为以下几类：单产品动态定价模型、多产品动态定价模型（也称网络收益管理模型）、竞争环境下的动态定价模型和考虑决策者风险偏好的动态定价模型等。我们在本节内容中只关注与本书研究相关的单产品动态定价模型。

Kincaid 和 Darling（1963）最早开始研究易逝品连续时间的动态定价问题。他们研究了标价和消费者报价两种情况下，消费者到达服从强度为 λ 的泊松过程，在 t 时刻到达的消费者对产品的保留价格为 p_{r_t}，其分布函数为 $F(p_{r_t})$。模型求解两种情况下最优解满足的条件，并在保留价格 p_{r_t} 的分布为指数分布时求得闭解。Lazear（1986）等研究了在消费者保留价格相同情况下单个产品的定价问题。通过动态规划模型，他们将产品的销售周期由 2 期扩展到 T 期，随着销售周期 T 增加，厂商在销售季节初期的最优价格会提高，在销售季节末期的最优销售价格趋向于零。Gallego 和 van Ryzin（1994）采用强度控制理论系统地研究了易逝品动态定价问题，开创性地利用动态定价理论解释了传统收益管理的实践问题。他们在文中研究了连续定价模型。在模型中，给定有限价格集合 $p_1 < p_2 < \cdots < p_k$，限定厂商制定的价格仅能在此有限集合中选取。文中对连续定价模型的构建是将厂商的价格路径作为关于时间的连续函数，模型的决策变量为价格改变的时间

间隔。他们的研究结果表明，厂商的期望收益与库存水平和距离销售季节结束时间成正比，且当销售时点 t 给定时，厂商的最优销售价格与库存水平成反比。在此基础上，他们还通过一个简化的模型提出了两级价格策略，厂商在价格集中选取两个价格进行一次价格变动即可获得最大收益，这样既便于管理者操作，又不会降低顾客的信任度。在相应确定模型的基础上，他们还得到了随机动态定价问题的最优解，并证明了在一定的条件下固定价格策略是渐近最优的。他们的模型也被称为 GVR 模型，许多动态定价模型都以此模型的结论为基础。Bitran 和 Mondschein（1997）的研究采用至多仅能调整 k 次价格的周期性定价模型，通过模型证明了最优定价决策随时间增长是非增的，消费者到达率和消费者对产品的保留价格随时间推移发生变化。Bitran 等（1998）分析了需求独立情景下的动态定价模型，模型的决策目标为给定库存水平下的利润最大化，作者在文中对模型做出了如下假设：①市场非完全竞争的；②销售期有限；③销售期间的库存有限，且无补充库存机会；④库存投入为沉没成本；⑤需求随着价格 p 的减小而增加；⑥未售出产品存在残余价值。以上这些模型假设，与销售期较短的季节性时尚商品的实际情况十分契合。Feng 和 Xiao（2000）将模型扩展到时变需求率的情况，得到了最优策略满足的条件，并进一步拓展到多个价格的情况。

在动态定价模型中，需求函数的构建对模型至关重要。需求函数一般有两种形式：第一，需求表现为与时间和价格等因素有关的函数形式；第二，需求函数表现为与消费者效用或消费者保留价格相关的函数。其中，Feng 和 Gallego（1995）的模型认为消费者的需求服从泊松分布，分布密度为关于价格的函数 $\lambda(p)$，而且 λ（p）会随着 p 的增加而降低，厂商通过在时刻 t 设定价格来控制需求水平。Bitran（1998）提出的需求模型认为 λ 不是价格而是时间的函数。该模型设定消费者在到达销售地点之前，不掌握产品销售价格的信息，因此消费者到达与产品销售价格不相关。在时变需求函数的研究设定下，Zhao 和 Zheng（2000）拓展了 GVR 模型，他们从消费者的偏好出发，在非常一般的情形下，考虑了消费者的到达速率是非时齐时的动态定价问题。其研究结果证明了最优定价决策在给定时点 t 随厂商库存水平增加而减小的性质依然成立，但最优定价决策关于时间的单调性不再成立。

在实际的经济活动中，受到变价成本多种外界因素的制约，厂商不可能在销售期内无限次改变价格。基于这一实际背景，Feng 和 Gallego（1995）、Bitran 等（1998）研究了有限价格改变机会情景下的动态定价模型。他们的研究结论表明，当距销售期结束的时间高于某一时间阈值时，期初的最优销售价格增加，反之，最优定价降低。

Bitran（2003）总结了前人研究的模型，文中使用动态规划的方法研究了仅有 k 次价格调整机会，且价格改变时间间隔一定情景下的动态定价模型。研究结论显示，厂商的期望利润在不同 k 的取值下没有显著变化。当顾客保留价格与时间变化无关，且库存水平较高时，厂商的最优定价为保持期初价格。

综上，将文献总结为表 2－2 所示。

表 2－2　单种易逝品动态定价文献

年份	作者	需求函数	动态定价机制
1986	Lazear	确定性	价格递减
1994	Galleo 和 van Ryzin	需求为密度函数时齐的泊松过程	价格连续变化 变化方向未知
1995	Feng	需求为密度函数时齐的泊松过程	给定价格变化的大小 寻找价格改变的最佳时刻
1998	Bitran	需求为密度函数时齐的泊松过程	价格随时间有限次变化 变化方向未知
2000	Zhao 和 Zheng	需求为密度函数非时齐的泊松过程	价格随时间连续变化 变化方向未知

国内也有部分学者研究了动态定价的相关问题。罗利（2004）对动态定价在收益管理中应用的研究现状和发展前景进行了详细的综述。杨慧和周晶（2006，2007）基于 GVR 模型的两级价格策略，构建了两种竞争性易逝品的降价时点设定问题。根据竞争对手地位的不同，分别研究了易逝品关于降价时点的 Stackelberg 和 Cournot 博弈模型，得出在竞争环境下先动企业会推迟降价而后动企业会提前降价的结论，并指出在消费者在两个企业间存在转移概率的情况下，最优降价时点及产品收益变动的幅度会随着转移概率的增大而增大。刘小艳和王莺（2011）讨论了两种固定价格策略的模型，研究了双头垄断易逝品的最优降价时点博弈。

2.2 具有电子商务渠道的供应链管理研究

2.2.1 传统供应链管理研究

许多学者从不同的角度对供应链（Supply Chain）的定义有不同的见解，目前尚未形成统一的定义。H. L. Lee（1992）认为，供应链是企业获取原材料、半成品或最终产品，并通过销售渠道把产品送到消费者手中的网络。美国供应链协会（CSCMP，1997）认为，供应链涉及从供应商的供应商到客户的客户这一链条上生产与交付最终产品和服务的所有努力。国内学者蓝伯雄（2000）认为，供应链即为通过对信息流、物流和资金流的控制，围绕核心企业，从采购原材料开始至最终产品生产完成，最后由销售网络把产品送到消费者手中，在这一过程中涉及的供应商、制造商、分销商、零售商、运输商等一系列企业组成的价值增值链。马士华（2000）给出的定义与蓝伯雄相似。在本书中，笔者借鉴马士华对供应链的定义。马士华（2000）对供应链给出了较为完整的定义，他认为供应链是围绕核心企业，通过对信息流、物流和资金流的控制，从采购原材料开始，制成中间产品以及最终产品，最后由销售网络把产品送到消费者手中的将供应商、制造商、分销商、零售商直至最终用户连成一个整体的功能网链结构。

2.2.2 电子商务渠道下的供应链管理研究

全球电子商务的浪潮势不可当，新的商业模式不仅改变了企业的交易方式，也影响着企业之间的协作方式。电子商务是指以计算机网络为基础所进行的各种商务活动，包括商品和服务的提供者、广告商、消费者、中介商等有关各方行为的总和。其中，B2B（Business to Business）、B2C（Business to Customer）和C2C（Customer to Customer）是电子商务运营的三种典型模式。Poirier 和 Bauer（2000）研究发现，传统的供应链模式已不能满足电子商务环境下供应链节点企业的发展需求，并提出了新的供应链管理模式——电子供应链管理（E－Supply Chain Management，E－SCM）。很多国外的企业，如戴尔、福特等开始建设和应用自己的电子供应链管理系统，另有一些软件公司，如 i2 Technologies、MANUGISTICS 和 Agile Software 也致力于开发和提供专业的电子供应链解决方案

（Poirier 和 Bauer，2000；冯宁和徐博艺，2001）。

近年来，在国际上，电子商务与供应链管理的交叉研究是管理科学与运营管理领域新的研究热点。国际管理科学领域的权威学术期刊纷纷出版相关专辑，包括 *Interface*（2001，Vol. 31，No. 2）、*Management Science*（2003，Vol. 49，No. 10；2005，Vol. 51，4No. 3）、*Journal of Operations Management*（2007，Vol. 25，No. 6）、*International Journal of Production Economics*（2008，Vol. 113，No. 1）等。此外，在其他期刊如 *Operations Research*、*Production and Operations Management*、*Marketing Seience*、*European Journal of Operational Research* 等也出现了一些相关研究论文。

Poirier（2000）的研究表明，电子商务供应链将彻底改变未来的商务模式，并将成为企业之间信息流通、提高运营效率和保持低库存水平的核心技术。S. Pant（2003）在研究中给出了实施电子商务供应链的方案框架，并认为企业可以通过电子商务供应链提高其运营效率。Luo Y.（2001）认为，电子商务供应链可以使企业有能力重建供应链，并最终实现供应链整体结构的优化。Swaminathan 和 Tayur（2003）对有关电子商务供应链管理的研究进行了综述。他们认为，电子商务给供应链带来了一些新问题以及重要性程度增加的问题，如电子商务环境下的采购和供应商选择、可视化与信息共享、分销与定价、定制与延迟、实时决策技术等。波里尔（2002）在其著作《电子供应链管理》中系统总结了电子供应链的演变框架，波里尔的研究对我国企业建设电子供应链具有重要的借鉴意义。Wang 等（2008）研究了电子商务供应链下供需实时匹配问题，他们通过建立多代理服务的模型实现了在非完全信息环境下的效率改进。Chen 等（2007）通过聚类分析方法，建立了电子商务供应链的客户聚类模型，并构建了算例验证其在文中提出的三类改进方法。

除了以上偏重定性的研究之外，对电子供应链的定量研究也取得了不少成果。Wang 和 Benaroch（2004）分析了电子商务环境下，由一个制造商和零售商构成的供应链。其研究结论表明，在电子商务环境中，零售商的最优订货量大于其在传统环境下的最优订货量，并在一定条件下会提升整体供应链的运营绩效。常志平和蒋馥（2003）研究了电子商务环境下的供应链回购模型，其研究结论表明，在偏向买方的电子商务供应链下，零售商总是有动机参与供应链协调，但供应商是否参与供应链协调依赖于其收取的佣金比例以及供应链的协调机制，并对电子商务供应链的失败原因进行了相应分析。黄丽娟（2005）通过神经网络模型对建设符合中国国情的本土化的电子供应链平台做了初步分析。徐家旺和黄小原

(2007) 在电子商务环境下，研究了在需求不确定的情景下，由多供应商和多客户构成的供应链的单目标鲁棒模型。李伟和刘湘蓉（2008）采用最优停时方法，建立了电子商务环境下，供应链伙伴的数据信息校对最优问题的数学模型，他们在文中提出了最优停止时间存在的条件及最优解，并利用截尾法给出了实际应用中的计算步骤，为电子供应链伙伴的选择与评价提供了科学方法。

现有文献对互联网技术给动态定价带来的影响主要从两个方面来讨论：一方面是定性地描述互联网及信息技术所带来的好处，比如降低交易成本等。另一方面是通过互联网技术定量地分析产品的价格，如很多电子商务网站通过不同的拍卖模型来销售产品。而对二级市场如何利用互联网信息技术进行易逝品的收入管理缺乏定量的描述。

2.3 二级市场的供应链管理研究

2.3.1 传统二级市场供应链管理研究

虽然提及二级市场的文献比较多，但对于这一现象并没有一个规范的定义，因此也没有统一的模型来描述此现象。Tibben - Lembke（2004）关于二级市场的定义包括降价、折扣店、第三方、通过拍卖销售、处置过量库存、客户退货管理和销售全新的或使用过的产品（如在闭环供应链里）等多种形式。Lee 和 Whang 讨论了高新技术产品在二级市场上的动态多次再销售问题。他们的研究是基于互联网背景下的二级市场“多零售商问题”，在 1999 年由惠普公司推出。作者考虑了一个简单的两阶段联合需求下的报童模型。Ghose 等（2005）将二级市场定义为一个交换二手商品的场所，如 CD、DVD、视频和图书等。他们考虑了一个新产品会在第一和第二阶段销售，而使用过的商品由于质量退化只在第二阶段销售的两阶段问题。Nocke 和 Peitz（2003）调查了耐用性商品，如收藏品、钱币和邮票未来在二级市场上的交易是否可能会影响一级市场上的消费者行为。和本书相比，这些研究并没有将时间因素纳入对二级市场的转移的研究，而这一因素对生命周期较短的商品特别是高端时尚服饰而言尤为重要（详见 Coughlan 和 Soberman，2004）。

根据 Tibben - Lembke（2004），我们给出二级市场的广义定义：当产品在初级渠道之外进行销售，则产品进入了二级市场。根据产品是否以新产品形式在二级市场上进行销售，二级市场上的产品可分为两类。在此分类下，表 2 - 3 对产品进入二级市场的原因和方式进行了归纳。

表 2 - 3　二级市场产品分类

以新产品形式销售	不能以新产品形式销售
生产过剩或取消订单	次等质量
库存平衡	翻新或再制造
转移	运输或保险损坏
产品下架	产品召回
市场返回	客户退货
包装变化	二手产品
生命周期期末清算	灰色市场产品
销售季末清算	黑色市场产品

其中，库存平衡（Stock Rebalancing）是指产品以从低需求市场转向高需求市场的方式进入二级市场，有关库存平衡的研究类似转运（Transshipment）。转移（Lifts）是指零售商更换新供应商，新供应商购买已在渠道中存在的旧供应商的产品。产品下架（Shelf Pulls）是指由于库存平衡、转移等其他各种原因，产品停止在店内销售。市场返回（Marketing Returns）是指单一垄断销售渠道，并向其他零售商发送大量产品，而其他零售商将未能销售出去的产品退给制造商的情况。灰色市场产品（Grey Market Product）是指产品在未经授权的销售渠道进行销售，也即我们通常所见的水货，相关研究见郑晓娜和黄涛（2010）对窜货现象的研究；黑色市场产品（Black Market Product）是产品本身非法持有或买卖过程非法。

一般来讲，商品销售的顺序如下：①先以新产品形式在一级市场（初级渠道）内进行销售；②然后通过转运等库存平衡方式转移到其他零售店以新产品形式进行销售（此时已进入二级市场）；③在零售店内进行打折销售；④转移到折扣店（Outlets）内销售。

Coughlan A. T. 和 Soberman D.（2004）简述了折扣店发展的历史并预测了折扣店的发展趋势。他们的研究显示，现今折扣店的功能不仅仅是为了清理剩余库存和商品，而是作为制造商的一种销售策略和渠道而存在。一般来讲，折扣店的消费者多为女性，地点多在远郊，消费者在折扣店花费的时间比一般商店要久，且平均花费也高于普通零售商店。文中通常讲的折扣店和一级市场上的销售商分属不同的主体，并阐述了折扣店零售存在的四个合理性：①为不可预测的过量库存和销售期末的剩余商品提供便捷的处理方式。②扩大了消费者的服务范围：价格敏感型而服务相对不敏感型顾客可能被吸引去折扣店。③是制造商约束一级市场零售商的一种方式，此时折扣店是制造商所有。④制造商通过折扣店零售，以双渠道方式来简单实施市场细分。此外，该文章还通过对收集到的数据进行分析，提出了五个折扣店运营的命题：①制造商折扣店网络的增长和以下两方面正相关：a. 目标细分定义的广度；b. 目标市场的价格敏感性需求和服务敏感性需求的分布。②当市场上人群收入差距增大，且人口随着时间变得老龄化时，折扣店的活动会增加。③当城市化进程蔓延时，折扣店销售将会缩小，并逐渐和传统商场融合。④折扣店将在城市区域以多种水平的形式增加。⑤当制造商在折扣店的活动很活跃时，零售商将会极力发展零售和自己的品牌。

其中，有关二级市场时间转换的研究主要有两类：第一类是市场营销领域，研究了在顺序渠道中销售商决定引入新产品或引入已存在产品的新版本的最优时机问题。当零售商销售多种产品时，时间也成为重要的决策变量。在体育和娱乐业（Drake 等，2008），决定何时从捆绑销售切换到优先销售个体票对提高早期现金流十分重要。Khouja 和 Robbins（2005）讨论了图书出版业应该何时从出版精装版切换到出版简装版。在本书中，在二级市场上提供的商品是面向价格敏感型顾客的，且和一级市场相比，商品的质量会存在差异，如图书的平装本。Hugos 和 Thomas（2005）讨论了在零售业中直销、双渠道和多渠道不同类分销渠道的机制。

第二类是收益管理领域，在不同研究背景和需求函数下，研究关于产品价格变化的最优时点问题。Feng 和 Gallego（2000）在销售量或产能固定的零售业或航空业的背景下，研究了在有限期、固定库存水平下，价格是外生变量且预知，需求为随机且价格敏感型时的两个价格范围内变化的单次最优变价时点决策。该文的创新点在于：在做出变价时点决策时，将销售期的剩余时间（Time - to - go）和剩余库存水平进行了综合考虑。研究了三个问题：①降价时点问题，当 Time - to - go 小于时间阈值序列（升序排列）时，开始降价的决策是最优的；②提价时点问题，当 Time - to - go 大于时间阈值序列（升序排列）时，开始提价的决策是最优的；③未知价格变动方向，提出两个严格升序的时间阈值序列，做出最优变价时点决策。Gallego 和 Ryzin（1994）的研究表明，当销售数量递增时，至多一次的变价决策趋向于最优。也即当初始库存水平和销售时间增加时，在至多一次变价下的最优策略的期望收益率和无成本下任意次变价的期望收益率趋于相等。

两类研究的主要区别在于，第一类研究主要关注耐用品，不同渠道中的产品存在版本等方面的差异，而在收益管理领域中有关转换时机的研究针对的是易逝品，且在不同市场上销售的产品是不存在差异的。本书从零售商的角度考虑了时间决策问题并创建了一个新的需求模型。除了 Lehmann 和 Weinberg（2000），大多数研究是关于渠道设计以及渠道之间的冲突和竞争问题。从动态渠道管理的角度来讲，顺序渠道的订购量决策和时间决策这一问题很少有人涉及，而本书的关注点正在于此。

2.3.2 在线二级市场供应链管理研究

随着电子商务的迅猛发展，二级市场越发兴盛，已逐渐开始有文章研究具有在线渠道的二级市场问题，但相关研究还较少，是一个新兴的研究领域。

有关传统供应链协调的研究发展到现在已经有较为成熟的理论成果（Cachon 等，2004），回购合同是其中应用比较广泛的协调契约之一。随着电子商务渠道的日益普及，回购合同对供应链的影响越发凸显。制造商可以通过回购过季产品并在在线二级市场销售，来实现自身利润的提高。然而 Hua 和 Li（2008）的研究显示，当零售商在供应链中具备较强的实力时，也可以通过回购合同提升自身利润。在这些情况下，传统供应链模型可能不再适用，因此研究二级市场电子商务渠道的协调有着十分重要的现实意义。

与本书研究相关的主要是关于动态定价和二级市场电子渠道的研究文献。关于动态定价研究成果的回顾参考文献综述部分。供应链中二级市场电子渠道是当下的研究热点之一。以往对二级市场研究的局限表现在：①这些研究并没有考虑问题对制造商和零售商各自的影响，多数只考虑对零售商的影响或只考虑对整个系统的影响；②市场价格在模型中作为外生变量或常数给出。

Lee 和 Whang（2008）在一个制造商、多个零售商的供应链环境中，研究了二级市场电子渠道下零售商之间的转运库存决策。文章研究的实际背景为 HP 公司的网络销售平台 TradingHubs. com。在该网站上，HP 的零售商之间可以互相交易。整个销售季节分为两期：第一期零售商向制造商 HP 公司订购，并面向最终消费者销售，在一阶段销售末期，不同的零售商会有不同的库存水平或缺货水平；在第二期，HP 的零售商在 TradingHubs. com 平台上互相交易，在获得新的库存水平后进行再销售，也即进入二级市场。在实际中，零售商们对 HP 公司的订货量会影响二级市场（TradingHubs. com）上的交易价格，且零售商们在二级市场上的行为也会影响其向 HP 公司的订货决策。该文章虽然是在电子商务渠道的背景下研究二级市场，但并没有研究零售商在电子商务环境下进行跨渠道销售对于二级市场的影响。

Choi、Li 和 Yan（2004）研究了二级市场电子渠道环境下的定价以及最优的回购契约。Seifert、Thonemann 和 Marcel（2006）研究了电子商务渠道环境下一个制造商与多个零售商组成的供应链的回购契约。晏妮娜等（2005）在 Choi 等（2004）文章的基础上研究了当供应链主体存在不同风险偏好时，制造商委托零售商处理退货的回购模型。

王虹和周晶（2009）在二级市场电子渠道环境下，分析了由制造商、零售商和二级电子市场平台拥有者组成的供应链。他们在文中研究了当供应链的主导者分别为制造商和零售商时，供应链协调的回购合同和价格补贴合同。杜少甫等（2010）研究了当零售商为风险规避者且存在销售努力因子时，制造商和零售商之间的回购协议的制定。孟庆峰等（2012）研究了有多个供应商和零售商的供应链结构模型。在市场零售价格外生、市场需求为随机变量、零售商的销售努力程度影响市场规模、与市场需求的随机变量之间为乘性关系这一模型架构下，文章采用 CVaR 标准，分析制造商的批发价格决策和回购价格决策，以及零售商的销售努力和订货量决策。

2.4 供应链中的策略型消费者行为研究

随着对易逝品动态定价、电子商务渠道供应链和二级市场这三方面研究的深入，消费者行为对供应链运营的影响日益凸显。

在实际经济活动中，零售商通常在正常销售期进行到某一时点之后，采用降价的方法来清空库存或期望能够将产品覆盖到更大范围内的消费者群体。当企业动态定价行为越来越普遍时，消费者对企业销售产品或服务时的定价、促销等信息将会掌握得更多，其购买行为模式就会发生重要变化。对现有产品不断地进行价格调整已经使越来越多的消费者变得更加“聪明”。会有一部分消费者将产品在未来时点的效用考虑进自己的购买决策中，通过调整自己的购买时机，以获得最大化的消费者剩余。此类消费者在文献中一般被称为策略型消费者。根据美国《华尔街日报》的一篇报道，美国的电子产品零售商 Best Buy 公司将具有策略性消费行为的消费者称为“魔鬼”（Devils）。并将那些会立即实施购买行为的非策略型，实际是高端消费者的顾客人群称为“天使”（Angels）。西班牙最大的时尚服饰经销商 Zara 公司通过采用较低的库存水平这一方法，来迫使消费者及早购买，进而有效减少策略型消费者的等待购买行为。学者们纷纷指出，零售商会为忽视越来越普及的消费者策略性购买行为付出代价，也即蒙受不同程度的损失。根据 Anderson（2003）可知，当存在 10% 的消费者预期机票会降价而选择等待购买时，航空公司至少会损失 1% 的利润。Besanko 和 Winston（1990）的研究表明，在耐用品的定价决策中，忽视消费者的策略性行为会使企业损失约 50% 的利润。基于此，当消费者的需求受到企业定价等运营管理决策的影响时，将会对企业的运营管理提出新的挑战。基于此，我们在本节对本书研究相关的策略型消费者的研究文献进行综述。对于策略型消费者行为从研究方法的角度划分，主要有以下三类：①定量研究。这类研究是采用博弈论方法建立数学模型，进而证明均衡，并通过数值模拟进一步验证模型的结论。②实证研究。这类研究是通过实证研究范式对相关数据进行统计分析与模拟仿真，并进行规律分析与理论总结。③实验设计研究。此类研究是对消费者的行为设计模拟实验以获得数据，对数据进行分析，进而建立决策行为模型。本节主要对第一类采用定量研究方法的相关文献进行综述。

Rao（1984）在其文章中指出，营销领域的研究通常仅考虑价格和质量之间的内在联系，而经济领域的研究又通常只关注价格对消费者预算分配的影响。Golabi（1985）研究了价格为独立的随机变量情景下消费者在每阶段购买单一产品的问题，在给定消费者对未来价格分布的基础上，他得出存在一个保留价格水平序列（参考价格）决定每阶段的最优库存数量，当消费者知道当前的价格后，可以将当前的库存数量和最优库存数量进行比较，如果当前的库存水平低于最优库存数量则需要进行购买到最优库存量为止。Heisen（1992）对 Golabi 的模型进行了扩展，但这些文献均没有考虑消费者对价格的预期。Winner（1985）的研究基于经济学和行为科学的研究范式，通过对价格影响消费者耐用品需求的模式分析，认为消费者对产品未来价格的预期对这一阶段的购买行为有一定程度的影响。Holak 等（1987）给出了消费者根据对未来产品质量改善以及价格下降的理性预期，而产生对产品评价的概念模型，但他们的研究并没有明确发现消费者对价格的预期与购买意愿之间的关系。根据申成霖和张新鑫（2010）的文章，可知在经济学、营销科学和运营管理领域的研究中，策略型消费者也被称为理性消费者（Rational Consumer）或前瞻型消费者（Forward – Looking Consumer）。

在经济学领域中，对消费者策略行为的研究最早开始于 Coase（1972）对耐用品的讨论，科斯猜想（Coase Conjecture）具有较广泛的影响，是策略型消费者研究的先驱。Coase（1972）认为，基于耐用品的产品特点，垄断性厂商的垄断力量会减弱，消费者对产品价值的评价不同，对产品评价高的消费者会先购买产品，厂商为赚取对产品评价低的那部分消费者群体利润，会对产品的销售价格进行降价调整。但对产品评价高的消费者群体会基于对企业降价动机的预期，选择延迟购买行为，也即降低了自身的支付意愿。基于此，垄断性厂商降价的机会主义行为将自身的垄断定价能力削弱。当两次价格调整的时间收敛为零时，该厂商丧失全部垄断力量。Stokey（1979）和 Bulow（1982）对科斯猜想给出了正式证明。根据 Bulow（1982），垄断者可以采用至少五种方法来避免耐用品市场上的消费者预期问题：第一，垄断者可以拒绝出售产品，仅仅出租或租借产品。第二，垄断商可以尽力说服消费者以使其相信它会限制产量，以此来阻止未来价格的下降。第三，如果不能明确签订合同来控制未来的生产，企业可以尝试获得永不降价的声誉。第四，由于只有耐用品才会产生预期问题，垄断者可以生产较低耐用品程度的产品即通过故意缩短耐用品的寿命，来限制其在未来使其降价的能力（类似结论也可见 Bulow（1986）、Fishman 和 Rob（2000）、Praveen Kumar（2002））。第五，垄断者预先承诺可以保证以消费者支付的价格重新购回产品。

Conlisk 等（1984）提出了针对面向策略型消费者销售的周期性定价模型。模型结论给出了零售商的最佳销售策略为：在销售周期初期，将产品以较高价格销售给支付意愿高的消费者，随之降价，将产品面向支付意愿低的消费者销售。在降价结束后，零售商应将价格恢复为原价，将产品卖给在下一销售周期内新进入市场的支付意愿较高的消费者。Narasimhan（1989）对 Conlisk 等（1984）的模型进行了拓展，假设每个销售期的客流呈扩散式，在产品销售周期不固定的情景下，给出了相似策略。Besanko 等（1990）研究了垄断厂商与策略型消费者的博弈模型，并求解得到了完美子博弈均衡。Su（2010）对策略型消费者的周期性定价模型进行了拓展，通过建立内源跨期需求驱动下的动态定价模型，根据消费者对产品的感知价值和耐心程度这两个维度进行划分，在产品价格变化方向不确定情景下，对策略型消费者对动态定价策略的影响进行了分析。

以上关于消费者理性行为的研究多从消费者的角度出发，很少考虑将这种理性行为与厂商的定价及库存策略相结合。尽管动态定价在收益管理和零售行业已得到广泛的研究，然而大多数动态定价模型并没有考虑消费者面对厂商动态定价时所采取的策略行为。Bitran 和 Caldentey（2003）在其文章中指出，将消费者的策略性购买等待行为考虑到定价和库存决策中是供应链管理领域的一个主要新兴研究方向。在消费者策略性行为下，厂商如何执行相应的价格或库存策略已成为当前一个值得研究的重要课题。随着动态定价技术的越发成熟以及信息技术高速发展带来电子商务和移动支付的高速发展，越来越多消费者的购买行为具有策略性，策略型消费者通过信息技术获得零售商的价格和库存等信息，对零售商未来的价格变化形成预期，由此来选择有利于自己的购买时机。策略型消费者的等待购买行为，对有关动态定价理论的相关研究和应用都带来了新的要求和挑战。以往有关动态定价的研究大多忽略了消费者的策略性购买行为，Gallego 和 van Ryzin（1994，1997）用泊松过程来表达消费者的到达过程，并把动态定价决策转化为一个强度控制问题。他们 1994 年的研究首次采用动态定价理论解释了传统收益管理中的实际运营问题，从而将动态定价与收益管理联系起来，并在 1997 年将研究扩展到了多产品的动态定价问题。Zhao 和 Zheng（2000）扩展了 Gallego 和 van Ryzin（1994）的模型，证明了最优价格在给定时刻随库存数量的增加而减少的性质依然成立，但最优价格策略随时间的单调性不再成立。以上有关动态定价研究的相同点为通过考虑未出售库存的价值，决策最优的动态价格路径，但都没有考虑零售商的最优降价时机选择问题，也没有将消费者的策略性购买行为考虑到模型中。

将消费者的策略性行为考虑到易逝品动态定价中的最早研究始于 Anderson 和 Wilson（2003）关于航空企业收益管理问题的讨论。他们在文中分析了当消费者可以预期到航空企业的定价策略时，会出现等待购买机票的行为，当有 10% 的消费者选择等待时，企业至少会损失 1% 的利润。通过对具体行业的分析，他们的研究结论指出应将策略型消费者的行为影响考虑到收益管理的模型中。Elmaghraby 等（2007）研究了策略型消费者在厂商的不同定价决策下的购买数量意愿。他们通过建立类似荷兰式拍卖的模型，比较了厂商单一型定价策略和动态降价策略下的消费者行为模式。Q. Liu 和 van Ryzin（2005）在两个销售周期的情景下，分析了如何在确定性需求和价格的模型设定下，通过决策最优库存水平来减少策略型消费者的等待购买行为。Su 和 Zhang（2008）率先将策略型消费者行为研究引入供应链管理研究中，探讨了策略型消费者的行为对供应链运营绩效的影响。他们在模型中假设产品在销售周期初始以全价销售产品，在销售期末对产品实施降价促销，并且根据理性均衡假设，从报童模型开始，建立了销售商和策略型消费者之间的博弈模型，确定了均衡下的最优定价决策和订货量决策，并进而将模型拓展到分散式供应链的情景，采用批发价格合同对供应链进行协调并对整体供应链绩效做出了评价。

以上文献都是假定消费者一开始都出现在市场上，Aviv 和 Pazgal（2008）考虑了消费者在随机到达情形下的厂商的动态定价问题。他们的模型设定厂商的初始库存水平是有限的，消费者到达过程服从 λ 强度的时齐泊松分布，消费者到达过程与产品的销售价格和库存水平独立。模型结论表明，在面对策略型消费者销售时，采用预先给定折扣价格路径的销售策略对厂商更为有利，且初始库存水平与价格的折扣率存在相关性。Zhou 等（2005）在易逝品的基础上讨论了策略型消费者的购买时机，得到最优购买时机关于价格的微分方程，将 Galleo 和 van Ryzin（1994）进行了推广。

以往的研究文献大多基于初始库存水平给定的条件，厂商通过承诺今后在不同阶段的价格，使消费者权衡自己在各阶段的消费者剩余，从而决定自己的购买时机，然后通过子博弈均衡找出厂商的最优定价策略。以上这些有关策略型消费者的研究，没有将降价时点考虑到零售商的决策中。基于对以往文献的总结，根据消费者的同质与异质性、需求函数和动态降价机制的不同，将动态定价与策略型消费者研究相结合的文献进行归纳，如表 2－4 所示。

表 2－4 策略型消费者与动态定价相结合的部分文献

年份	作者	消费者类型	需求函数	动态定价机制
1979	Stokey	异质（连续类型）	确定性需求	价格随时间递减
1990	Besanko 和 Winston	异质（连续类型）	确定性需求	连续改变价格，可能上升，也可能下降
2003	Anderson 和 Wilson	同质	确定性需求	价格有下降的可能
2003	Aviv 和 Pazgal	同质	不确定需求，消费者顺序到达	价格只改变有限次，变化方向下降
2005	Elmaghraby 等	异质（离散类型）	确定性需求	价格只改变有限次，变化方向下降
2005	Liu 和 van Ryzin	异质（离散类型）	确定性需求，消费者同时到达	给定两阶段价格下的最优订购数量

续表

年份	作者	消费者类型	需求函数	动态定价机制
2005	Zhou 等	同质	不确定性需求	价格连续变化，变化方向不固定
2005	Su	异质（四种不同的类型）	确定性需求	价格随消费者类型的构成上升或下降
2005	Su 和 Zhang	同质	不确定性需求	最优订购数量

资料来源：笔者整理。

在动态定价的研究中，有关策略型消费者相关决策的文献如表 2 -5 所示。

表 2 -5　动态定价下消费者行为相关文献

年份	作者	消费者价格预期	各期价格是否独立	消费者决策变量
1985	Winer	是	是	是否订购（单一产品）
1985	Golabi	否	是	每期订购数量
1987	Holak 等	是	是	是否订购（单一产品）
1992	Helsen	否	是	每期订购数量
1992	Krishna	是	是	是否订购（多种产品）
1993	Assuncao 等	是	一阶马尔科夫	每期订购数量和消费数量
1994	Krishna	是	k 阶马尔科夫	每期订购数量
1998	Ho 等	否	是	每期订购数量和订购频率
1995	Bridges 等	是	是	何时订购（单一产品）
1996	Erdem 等	是	是	是否订购（多种产品）
1996	Srinivasan	是	一阶马尔科夫	每期订购数量和消费数量
2003	Sun 等	是	是	是否订购（多种产品）
2003	Song 等	是	是	何时订购（单一产品）

资料来源：笔者整理。

2.5　文献简评

作为收益管理的重要工具之一，动态定价一直被广泛关注。通过本章前面的内容分析和总结可知，目前有关动态定价的理论多数是从制造商的角度进行分析，并没有将二级市场、电子商务渠道以及策略型消费者的行为结合进行研究。然而，随着电子商务的日益普及以及由此导致的越来越多消费者策略行为的出现，易逝品动态定价技术的应用面临很大的挑战。

近年来，随着信息技术和物流技术的迅猛发展，以及电子支付手段的日益成熟，电子商务的业务范围和业务能力正在迅猛扩张。更进一步，电子商务和互联网的发展给动态定价提供了更为宽广的发展空间。现有文献在讨论互联技术对动态定价的影响时主要从定性和定量两方面进行讨论：一方面定性地描述互联网及信息技术带来的好处，比如降低交易成本等；另一方面通过价格发现机制定量地描述产品的价格，如大部分电子商务网站通过各种拍卖模型销售产品。而对易逝品在电子商务环境下的销售决策研究，大多文献都只进行了定性描述，有关数学建模的定量研究较为缺乏。此外，互联网技术使越来越多的消费者可以更容易地获得市场信息，并对厂商的定价决策产生预期，选择最佳购买时机。此类策略型消费者行为对供应链管理运营的负面影响近年来才被学术界所关注。尽管有部分文献讨论了基于消费者策略行为的定价与库存策略，然而这些文献要么将价格作为决策变量，要么将订购数量作为决策变量，基本没有文献同时将产品的价格变化时机和订购数量作为决策变量。同时，以往动态定价的研究文献没有深入系统地分析产品的不同库存数量对定价机制的影响，对二级市场情景下策略型消费者行为对定价机制的影响并没有深入分析。

2.6 本章小结

易逝品的动态定价与库存数量和消费者的策略行为密切相关。本章对易逝品的动态降价研究、电子商务渠道下的供应链管理研究、二级市场和供应链中消费者行为研究四个领域的相关文献进行了总结，阐述了在电子商务环境中研究二级市场以及产品动态定价的意义和作用，从而为本书的研究奠定了理论基础，并指出了着重研究的方向。

3 传统二级市场上季节性商品的订购和销售决策分析

【本章介绍】因零售企业在销售季节开始前往往只能获得有限的市场信息，在销售过程中因滞销而产生剩余库存的现象十分普遍，许多企业会将商品在一级市场销售之后以折扣价在二级市场上继续销售。本章研究零售企业在传统的二级市场背景下的两阶段模型，在较宽松的需求假设下分析了模型所具有的性质，通过求解得到了企业对季节性商品的订货量决策和商品在两级市场间转换时机决策所要满足的最优条件。

3.1 研究背景与文献综述

3.1.1 案例介绍

需求的随机波动性和由订货提前期导致的短期供给刚性之间的矛盾成为零售企业供应链管理中最为常见的问题之一。对于销售季节性商品的零售企业而言，由于存在较长的订货提前期，订购决策一般要远在销售季节开始之前就制定完成，而那时企业所掌握的市场信息有限，关于需求的预测往往很不准确。而此后企业虽然还会继续获得市场信息并能更好地预测市场需求，但却很难有机会对先前的订货量做出修改。类似的问题在 ZARA、H&M 等时装零售企业尤为明显。

如何妥善地处理这种供需不平衡的问题对这些企业来说是十分重要的。Tibben - Lembke（2004）的研究表明，零售企业在初级市场通常会有 5% ~20% 的商品不能实现销售，其中，过量库存、不合理定价、商品损坏和顾客退货等均是不能实现销售的原因。零售企业可以通过降价、翻新、转移库存和转变销售渠道等手段将未能在第一市场上销售出去的产品在最合理的时间以最适当的价格提供给合适的顾客。当零售企业转变销售渠道后，产品便进入了二级市场。产品在二级市场上的销售为零售企业提供了提高销售额、降低库存成本和提高利润的机会。事实上，国内外有许多零售企业采用在两级市场上进行销售的策略。在一个销售周期之中，产品将首先在一级市场上销售，而后在某个时点上将剩余的存货全部转移到二级市场，同时完全停止在一级市场上的一切销售活动。一般来说，一级市场和二级市场针对不同的顾客群体。其中，一级市场针对在销售季节初期愿意为获得产品而支付高价的顾客，二级市场则面向对产品没有迫切需求并希望以低价购得的顾客。美国的萨克斯第五大道精品店（Saks Fifth Avenue）和诺德斯特龙百货公司（Nordstrom）都会将在一级市场上销售量不高的商品以30%～70%的折扣价格在二级市场上销售。国内的很多时装企业也都会将在一级市场（各大百货公司）上销量不好的商品在销售季节的某一时点以较低的价格转移到二级市场（折扣店或奥特莱斯店）上进行销售。Birchall（2010）的研究显示，当前的经济衰退带动了商品在二级市场上，包括折扣零售企业和直销商店的销售。当一级市场上的销售量衰减时，不在二级市场上进行销售的企业将面临持有过量库存的风险。

基于以上背景，本章研究了单一零售企业在两级市场上销售商品时的订购和销售决策，即确定零售企业在销售季节开始前的订货量以及确定产品应该何时转向二级市场。如果过早地向二级市场提供商品，零售企业会失去具有较高支付意愿的顾客所带来的收益。如果在整个销售季节的末期才向二级市场提供商品，零售企业则可能会承担两方面的损失：一方面，一级市场上宝贵的货架空间被收益率较低的商品所占据；另一方面，零售企业会丢失在二级市场上的潜在收益，并且未售出的产品将会产生大量库存成本。本章的研究表明，零售企业并不一定总能从两级市场的销售策略中获益，这取决于当时的售价和每个市场的潜在需求。我们证明了零售企业可以通过选择库存水平来最大化其在一级市场和二级市场上的总期望利润，并得到了企业对季节性商品的订货量决策和商品在两级市场间转换时机决策所要满足的最优条件。

3.1.2 文献回顾

在有限期的假设下，有关零售企业在二级市场上的运营管理研究十分有限，国内的相关研究还是空白。Lee 和 Whang（2002）基于网络二级市场 Trading-

Hubs. com 的例子讨论了高科技产品再销售的问题。Ghose 等（2005）考虑了二手 CD、DVD 和书籍在二级市场的销售对新产品的影响。Nocke 和 Peitz（2003）研究了耐用品在二级市场上的销售对顾客在一级市场的行为的影响。但上述文献中并没有将与二级市场有关的时间因素考虑进来，而市场转换时间对生命周期较短的商品特别是高端时装而言尤为重要。从 Coughlan 和 Soberman（2004）的调查报告中可以看出，很多时装业界的品牌只是顺序地在一级市场和二级市场上销售商品，并没有文章研究在给定的销售时期和有限的库存条件下何时进行市场转换的决策。商品在两级市场上销售可以看作一个具有时间顺序的渠道管理问题。SaVinhas 等（2010）综述了渠道协调和设计，指出企业销售渠道的复杂程度在大大增加，有必要将各种渠道放在一起进行分析，从而避免企业自身渠道之间的相互竞争。虽然与二级市场有关的库存和时间决策对零售企业十分重要，但目前还没有获得深入研究，本书从零售企业的角度出发将这两个决策结合在一起进行研究，填补了相关文献研究的空白。此外，该问题还可以看作一个简化的动态定价问题。在给定价格后，本书模型中的降价时间决策相对于市场的需求状态而言是动态的，这不同于其他动态定价的文献中价格决策随着销售数量的变化而变化。有关动态定价的文献综述可以参见 Elmaghraby 和 Keskinocak（2003）、Bitran 和 Caldentey（2003），以及 Talluri 和 van Ryzin（2004）。与本章研究较为相关的是 N. C. Petruzzi 和 G. E. Monahan（2003）的一篇文章。他们通过分析每个时期结束后是否终止在一级市场上销售的动态模型讨论了零售商在二级市场上销售的资源策略，他们认为需求函数是关于价格的线性加法函数，并具有乘法不确定性，具体模型参见 N. C. Petruzzi 和 M. Dada（1999）。与上文的工作相比，我们研究了在获得需求状态信息的情况下怎样决策在二级市场上进行销售的最佳时间。而且我们还为二级市场引入了一个新的需求模型。动态定价和收益管理是密切相关的，我们的研究也是对收益管理的一个有益的补充。关于收益管理及其相关的文献资料，可以参考罗利和萧柏春（2004）。

本章的其余部分内容如下：第二部分是问题描述和模型构建，第三部分对模型进行了求解和分析，第四部分进行了案例分析，第五部分为本章小结。

3.2 问题描述和模型构建

3.2.1 问题描述

考虑单一零售企业（零售商）在某一时间段［0，T］内分别在一级市场和二级市场上销售某种季节性产品，产品在一级市场的售价高于二级市场。在整个过程中，零售企业仅有一次订货机会——通常由于该产品的供应链反应有一个较长的滞后期，使后期补充库存不可能实现。销售季节开始前，在仅获得有限市场需求信息的情况下，零售企业必须提前足够的时间向上游厂商订货。订货完成后零售商将进一步收集市场需求信息，以便在销售季节开始后，根据最新的市场信息和库存情况决定在何时将产品从一级市场转移到二级市场上继续销售。

本书假设市场上有“低需求”和“高需求”两种状态，分别记为 l 和 h，对应的概率分别为 θ_l 和 θ_h，且 $\theta_l+\theta_h=1$。应该指出，此后的分析可以自然地扩展到任意多种市场需求状态（即假设有 n 个市场需求状态，分别为 s_i，其中 $i=1, 2, \cdots, n$，对应的概率为 θ_i，有 $\sum_{i=1}^{n}\theta_i=1$）。企业在订货时面对的市场状态 s 是不确定的，零售企业只有在销售季节开始的时候才知道市场的需求状态与其对应的概率分布，从而可以决定何时转移到二级市场。

零售企业将面对一个两阶段的优化问题。在第一阶段，企业远在销售季节开始之前没有准确的市场信息的情况下决定订货量 Q。在第二阶段，零售企业了解到所在的市场需求状态 s，此时需要根据已经获得的 Q 单位的产品库存来决定产品在一级市场上销售的时间长度，即产品销售由一级市场向二级市场转换的时刻。我们用产品在一级市场上销售的时间占整个销售季节时间 T 的比例参数 β（$0\leqslant\beta\leqslant1$）来表示这一决策。因此，商品在一级市场和二级市场上的销售时间长度分别是［0，βT）、（βT，T］。$\beta=1$ 和 $\beta=0$ 分别表示商品从销售季节开始便只在一级市场或只在二级市场上销售。产品在两个市场的单位售价分别为 p_1 和 p_2（$p_1>p_2>0$），是由产品定位和竞争等其他外在因素决定的。不失一般性，销售季节结束时所有未被售出的商品残值为 0。

零售企业的运营时间线如图 3－1 所示。随市场状态的不同，商品在不同市场上销售的最优转换时刻可能会不同。我们用 β_s^* 表示市场需求状态为 s 时，商品在一级市场上的最优销售时间比例。

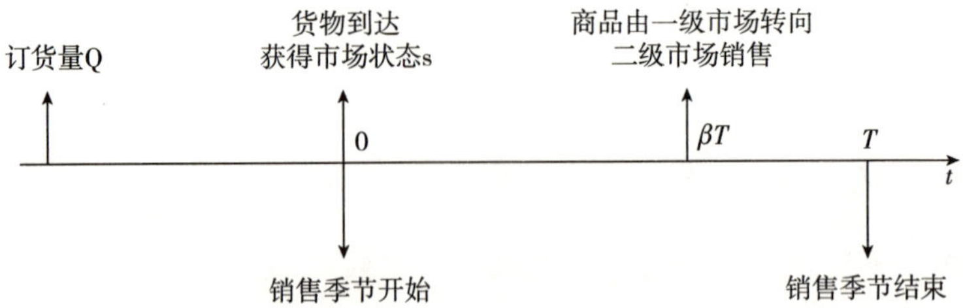

图 3-1　零售企业运营时间线

3.2.2　模型假设及构建

假设零售企业可以订购并获得任意数量的商品。零售企业在第一阶段要选择最优订货量 Q^* 来最大化期望利润，即：

$$\pi^* = \max_{Q \geqslant 0} \theta_l R_l^*(Q) + \theta_h R_h^*(Q) - cQ \tag{3-1}$$

其中，π^* 是零售企业的总期望利润，c 是商品的单位采购成本，$R_s^*(Q)$ 是市场需求状态为 s 时在两个市场上销售商品的期望收益之和的最大值。

设 $N_1^s(\beta)$ 和 $N_2^s(\beta)$ 是定义在样本空间 Ω 上的非负随机变量，分别表示在给定了市场状态 s 和市场转换时刻 β 的情况下，一级市场和二级市场在 $[0, \beta T)$ 和 $(\beta T, T]$ 时间内的需求。且 $N_1^s(\beta)$ 和 $N_2^s(\beta)$ 的分布函数分别为 $F_1^s(x; \beta)$ 和 $F_2^s(y; \beta)$。对于给定的 $\omega \in \Omega$，两级市场上的需求分别为 $N_1^s(\beta, \omega)$ 和 $N_2^s(\beta, \omega)$。

季节性商品需求增长率的变化如图 3-2 所示。S. Panda 等（2008）的研究表明，对于具有时尚属性的季节性商品，需求增长率随销售时间延长通常分为三个阶段——上升期、平稳期和下降期。需求增长率的上升阶段，是零售商对消费者需求的试探期，此时，零售商一般不会做出市场转换决策。本书在模型中考虑在需求试探期过后，需求增长率在平稳期和下降期内零售商的订购和销售市场转换决策。此外，Dellaert N.（1989）、Feng Y. 等（1995）、Johnson 和 Anderson（2011）、Hammond 和 Raman（1996）对季节性商品需求增长率的变化都有类似阐述。Snigdha 等（2010）研究了存在二级市场时零售商的订购和价格决策，他们考虑多个销售季节，且只允许在季节之间进行市场转换。他们通过数据研究发现，二级市场上需求增长率的变化与一级市场相似。

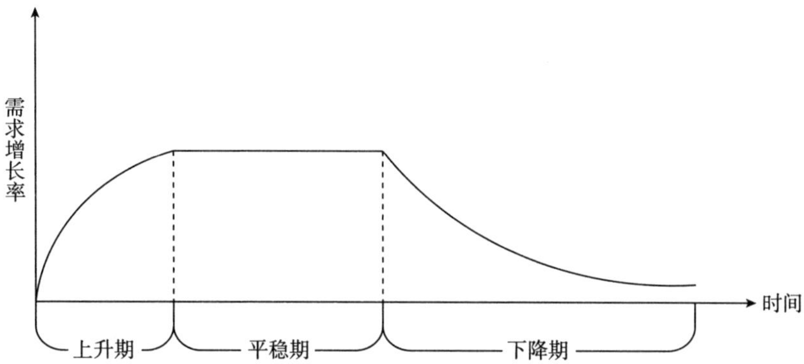

图 3－2 需求增长率随时间变化阶段

出于以上考虑，我们做出以下假设：假设 $N_1^s(\beta, \omega)$ 是关于 β 的广义增函数，$N_2^s(\beta, \omega)$ 是关于 β 的广义减函数，且 $N_1^s(\beta, \omega)$ 和 $N_1^s(\beta, \omega)+N_2^s(\beta, \omega)$ 都是关于 β 凹的。一般来说，β 越大，商品在一级市场上的销售时间越长，$N_1^s(\beta, \omega)$ 就越高，$N_2^s(\beta, \omega)$ 就越低。此外，$N_1^s(\beta, \omega)$ 和 $N_2^s(\beta, \omega)$ 对时间 β 的导数即为需求增长率，反映了需求到达的时间密度，而其二阶导则表明了市场对时间的敏感程度。第一阶段需求 $N_1^s(\beta, \omega)$ 的凹性反映了一级市场中的顾客对时尚季节性产品的需求特点，即顾客在期初的需求较为密集，随着时间的推移，产品的效用降低，顾客的购买热情随之降低，需求增长率相对于期初会降低。这一假设通常能较好地符合实际情况［见 S. Panda 等（2008）］。第二阶段需求 $N_2^s(\beta, \omega)$ 为 β 的凸函数时［注意 $N_2^s(\beta, \omega)$ 对时间 β 的导数为负，其绝对值才是到达密度］，我们可以用同样的方式来解释。因此，$N_1^s(\beta, \omega)+N_2^s(\beta, \omega)$ 关于 β 为凹的假设要求 $N_1^s(\beta, \omega)$ 的二阶导的绝对值大于 $N_2^s(\beta, \omega)$ 的二阶导的绝对值，即一级市场需求对时间更加敏感，这一假设符合本书对一级市场和二级市场的直观观察：一级市场的消费者对产品的时尚敏感性较高，并愿意为之支付较高的价格；而二级市场的消费者对产品的价格敏感性更高，他们更关注价格而非产品的时尚属性。

表 3－1 所示为本章所涉及的模型参数。

表 3－1　模型参数

符号	代表的含义
p_1	零售商在一级市场上的销售价格
p_2	零售商在二级市场上的销售价格
Q	零售商在一级市场和二级市场上销售的订购量
T	零售商在一级市场和二级市场上销售的整个销售期时长
β	零售商在一级市场上的销售时间占整个销售期时长 T 的比例参数
s	市场需求状态
θ_l	市场上需求为低需求状态时的概率
θ_h	市场上需求为高需求状态时的概率
Ω	一级市场和二级市场需求的样本空间
$N_1^s(\beta)$	给定了市场状态 s 和市场转换时刻 β 的情况下，一级市场上的需求
$N_2^s(\beta)$	给定了市场状态 s 和市场转换时刻 β 的情况下，二级市场上的需求
$F_1^s(x;\beta)$	一级市场的需求 $N_1^s(\beta)$ 的分布函数
$F_2^s(y;\beta)$	二级市场的需求 $N_2^s(\beta)$ 的分布函数
$N_1^s(\beta,\omega)$	对给定的 $\omega\in\Omega$，一级市场上的需求
$N_2^s(\beta,\omega)$	对给定的 $\omega\in\Omega$，二级市场上的需求
c	零售商对单位商品的采购成本
R_s	给定了市场状态 s 的情况下，零售商在一级市场和二级市场上的收益之和
π	零售商在一级市场和二级市场上的总利润

基于以上分析，可知在给定订货量 Q 后，零售企业在两个市场上的收益之和可以表示为：

$$R_s(\beta\mid Q)=p_1\min[Q,\ N_1^s(\beta)]+p_2\min\{[Q-N_1^s(\beta)]^+,\ N_2^s(\beta)\} \tag{3-2}$$

市场需求状态为 s 时，在两个市场上销售商品的期望收益之和的最大值 $R_s^*(Q)$ 可通过求解式（3－3）得到：

$$R_s^*(Q)=\max_{0\leqslant\beta\leqslant1}E[R_s(\beta\mid Q)] \tag{3-3}$$

3.3　模型求解和分析

3.3.1　零售商最优转换时机决策分析

随着销售季节开始，零售企业了解到所处的市场需求状态 s 后将决定何时开始在二级市场上进行销售。在这一阶段之初零售企业已经获得并持有 Q 单位的库存。由于在任意的需求状态下第二阶段的决策问题具有相同的结构，因此可将上标 s 去掉以表明适用所有的需求状态，第二阶段的决策问题可以描述如下：

$$\max_{0\leq\beta\leq1} E[R(\beta|Q)] = \max_{0\leq\beta\leq1} p_1 E\{\min[Q, N_1(\beta)]\} + p_2 E(\min\{[Q-N_1(\beta)]^+, N_2(\beta)\}) \tag{3-4}$$

我们首先对样本路径收益进行分析。假设从给定概率分布的 $N_1(\beta)$ 和 $N_2(\beta)$ 中分别随机抽取样本 $N_1(\beta, \omega)$ 和 $N_2(\beta, \omega)$，作为一级市场和二级市场需求的样本值。则样本路径收益函数可写为：

$$R(\beta|Q) = p_1 \min[Q, N_1(\beta, \omega)] + p_2 \min\{[Q-N_1(\beta, \omega)]^+, N_2(\beta, \omega)\} \tag{3-5}$$

即：

$$R(\beta|Q) = \begin{cases} h_1(\beta, Q) = p_1 Q, & Q < N_1(\beta, \omega) \\ h_2(\beta, Q) = (p_1 - p_2)N_1(\beta, \omega_1) + p_2 Q, & N_1(\beta, \omega) \leq Q \leq N_1(\beta, \omega) + N_2(\beta, \omega) \\ h_3(\beta, Q) = p_1 N_1(\beta, \omega) + p_2 N_2(\beta, \omega), & N_1(\beta, \omega) + N_2(\beta, \omega) \leq Q \end{cases} \tag{3-6}$$

命题 1[①] （样本路径的性质） 样本路径收益函数 $R(\beta|Q)$：$[0, 1]\times[0, \infty)\to R$ 具有以下性质：

（1）在 $[0, 1]\times[0, \infty)$ 范围内是连续的，关于 Q 单调；且在给定 Q 时关于 $\beta\in[0, 1]$ 是 Lipschitz 连续的。

（2）关于 $\beta\in[0, 1]$ 和 $Q\in[0, \infty)$ 是联合凹的。

应当指出的是，样本路径收益函数关于 Q 的单调性的前提是在第二阶段进货成本为沉没成本。样本路径收益函数关于 β 和 Q 是联合凹的性质对求解该问题的最优解有很大的帮助。在不需要对需求的随机分布做更多假设的情况下，我们可以将样本路径收益函数的连续性、单调性和凹性推广到期望收益函数中。

命题 2 （期望收益函数的性质） 期望收益函数 $E[R(\beta|Q)]$：$[0, 1]\times[0, \infty)\to R$ 在 $[0, 1]\times[0, \infty)$ 范围内是连续的，并且关于 $\beta\in[0, 1]$ 和 $Q\in[0, \infty)$ 是联合凹的。

由式（3-6）可以看出，对于给定的 Q，样本路径收益函数在 $\beta\in[0, 1]$

① 除特殊说明外，书中所有命题的证明过程均见附录。

上并不是处处可微的。因此，我们无法保证 $E[R(\beta|Q)]$ 对所有的 $\beta\in[0,1]$ 可微，如当 $N_1(\beta)$ 和 $N_2(\beta)$ 是离散概率分布时，$E[R(\beta|Q)]$ 即不可微；但当随机变量 $N_1(\beta)$ 和 $N_2(\beta)$ 是连续概率分布时，$E[R(\beta|Q)]$ 是可微的（Kleywegt 和 Shapiro，2001），且导数连续。在这种情况下，我们可以根据关于 β 的一阶条件来确定商品在一级市场上销售的最优时间长度。

命题 3　当 $E[R(\beta|Q)]$ 关于 $\beta\in[0,1]$ 可微时，对于给定订货量 $Q<\infty$，有：

$$\frac{\partial E[R(\beta|Q)]}{\partial\beta}=(p_1-p_2)E\left[\frac{\partial N_1(\beta,\omega)}{\partial\beta}\,\middle|\,N_1(\beta)\leqslant Q<N_1(\beta)+N_2(\beta)\right]+E\left[p_1\frac{\partial N_1(\beta,\omega)}{\partial\beta}+p_2\frac{\partial N_2(\beta,\omega)}{\partial\beta}\,\middle|\,N_1(\beta)+N_2(\beta)\leqslant Q\right] \tag{3-7}$$

若 $\partial E[R(0|Q)]/\partial\beta\leqslant0$，则商品在两级市场上销售的最优市场转换时刻 $\beta^*(Q)=0$；若 $\partial E[R(1|Q)]/\partial\beta\geqslant0$，$\beta^*(Q)=1$；其他情况下，可以由 $\partial E[R(\beta|Q)]/\partial\beta=0$，解出最优解 $\beta^*(Q)$，$\beta^*(Q)\in(0,1)$。

当期望利润函数可微时，可以通过求解一阶条件得到最优的市场转换时刻。当期望利润函数不可微时，则可以通过数值搜索求解［见 Bazaraa 等（2006）］。命题 3 说明，在需求分布、价格和订货量满足一定条件时，我们可以得到最优市场转换时刻的内点解，这意味着零售企业要想获得最大利润就必须在一级和二级两个市场上都进行销售。在这种情况下，β 单位变化带来的一级市场上的边际收益增加与二级市场上的边际收益减少两者相等。当 $E[R(\beta|Q)]$ 在 $\beta\in[0,1]$ 区间上单调递增（或递减）的时候，零售企业将仅在一级市场（或二级市场）上进行销售。对于一般性的需求假设，我们并不能得到期望收益函数的严格凹性，因此不能保证该问题有唯一的最优解。例如，当 $p_1E[\partial N_1(\beta)/\partial\beta]+p_2E[\partial N_2(\beta)/\partial\beta]\equiv0$，$N_1(\beta)$ 和 $N_2(\beta)$ 上限是 $Q/2$，即 $N_1(\beta)+N_2(\beta)<Q$ 几乎是必然事件时，一阶条件可以被任意 $\beta\in[0,1]$ 满足。

注意到 $\beta^*(Q)$ 和 Q 之间为非线性关系，这是因为零售企业的目标是提高自身的期望利润而不是“清空”库存，而需求的分布函数一般是非线性的。如果采用简单的乘数关系，即假定 $N_1(\beta)=\beta\cdot N_1$ 与 $N_2(\beta)=(1-\beta)\cdot N_2$ 时，可以简化式（6-7），并发现：当 $(p_1-p_2)/p_2$ 大于某个取决于 Q 和 β 的阈值时，增加 Q 将导致式（6-7）右端增加，从而增加 β^*；反之，当其小于这个阈值时，增加 Q 反而会减少 β^*。可见，$\beta^*(Q)$ 和 Q 之间的关系还与价格的相对大小密切相关。

3.3.2 零售商最优订购量决策分析

在给出最优转换时刻后，零售企业在第一阶段的决策由求解式（3－1）得到：

$$Q^* = \arg\max_{Q \geqslant 0} \theta_l R_l^*(Q) + \theta_h R_h^*(Q) - cQ$$

命题4　$R^*(Q)$ 是关于 Q 凹的。

式（3－1）中的目标函数是由三个凹函数组成的，因此，零售企业在第一阶段的问题可以被归纳为式（3－1）的凸优化问题。根据命题4，可得定理1。

定理1　假设 $R_s^*(Q)$，$s = l, h$ 是可微的，则最优订货数量 Q^* 可以由式（3－8）解出：

$$\theta_l \frac{dR_l^*(Q)}{dQ} + \theta_h \frac{dR_h^*(Q)}{dQ} - c = 0 \tag{3-8}$$

需要说明的是，最优订货数量 Q^* 对于某一给定的状态 l 和 h 来讲可能不是最优的，这就使第二阶段市场转换时刻的决策十分重要。特别地，当 $c = 0$ 时，第一阶段和第二阶段的最优解可以很容易得到。

命题5　如果 $c = 0$，则 $Q^* \to \infty$，且 $\beta_s^*(Q^*) \in \{0, 1\}$。

对于高边际利润行业的零售企业而言，市场价格往往远大于采购成本，因此可将采购成本忽略，即 $p_1 + p_1 \gg c \approx 0$。在这种情况下，零售企业的决策将会是只在拥有最高潜在期望销售收益的市场上进行销售。至于 $Q^* \to \infty$，是在没有考虑需求上限情况下的结论。如果需求有上限，则 Q^* 可以取所选择市场上的需求上限值。

命题6　如果任何市场上的需求在统计意义上增强（比如通过广告或者促销活动），且假定 β 为既定，则 $dR^*(Q)/d(Q)$ 将增加，从而 Q^* 也将增加。

对于将会采取广告等促销活动，并已预先决定好市场转换时机的零售企业而言，需要在销售季节初期提高订货量。

命题7　如果所有市场上的需求在统计意义上有 $N_h > N_l$，即 h 情景下的需求在统计意义上比 l 情景下的旺盛，则随着 θ_h 的增加，Q^* 也随之增加。

当企业能预测总体经济形势利好的情况，如经济危机过后的经济回升，企业将更可能会处于高需求的市场情景下。此时，企业应提升初期订货量，以最优化期望收益。

3.4 算例分析

在本章的算例设计中，一级市场和二级市场的需求分别为 $N_1^s(\beta,\omega_1)=\beta\cdot D_1^s$ 和 $N_2^s(\beta,\omega_1)=(1-\beta)\cdot D_2^s$。其中，$D_1^s$ 和 D_2^s 是一级市场和二级市场的总需求，表示为关于价格的线性函数，且带有加性不确定性，即：$D_1^s=a_1^s-b_1^s\cdot p_1+\varepsilon_1^s$，$D_2^s=a_2^s-b_2^s\cdot p_2+\varepsilon_2^s$，$a_1^s$，$b_1^s$，$a_2^s$，$b_2^s>0$。因为二级市场的消费者对价格的敏感度高于一级市场的消费者，所以需求函数参数要满足条件 $a_1/b_1<a_2/b_2$，需求的不确定性部分 ε_1^s，ε_2^s 满足表 3－2 所示的独立离散分布概率。在任意市场状态下，都令 $a_1=4$，$b_1=3$，$a_2=20$，$b_2=4$。采用 $p_1=3$，$p_2\in\{1.75, 1.5, 1.25\}$ 三种可能。令商品的单位采购成本 $c=1$。在此算例中，一级市场的需求和市场状态无关（一级市场总需求在高、低两种状态下都具有相同的概率分布），这使我们能够将二级市场的波动影响分离。

表 3－2 需求模型的概率分布

低需求状态			
$P(\varepsilon_1=5)=0.2$	$P(\varepsilon_1=7)=0.8$	$P(\varepsilon_2=2)=0.3$	$P(\varepsilon_2=5)=0.7$
高需求状态			
$P(\varepsilon_1=5)=0.2$	$P(\varepsilon_1=7)=0.8$	$P(\varepsilon_2=6)=0.4$	$P(\varepsilon_2=9)=0.6$

当低需求市场状态 θ_1 概率分别为 0.3 和 0.7 时，相应的最优订购和时间决策如表 3－3 所示。

表 3－3 最优决策 Q^* 和 β_s^*

p_1	p_2	θ_1	π^*	Q^*	β_l^*	β_h^*	$R(\beta_l^* \mid Q)$	$R(\beta_h^* \mid Q)$
3	1.75	0.3	9.5	14	0	0	21.18	24.5
3	1.75	0.7	8.7	13	0	0.08	21.18	22.89
3	1.5	0.3	6.2	13	0	0.08	18.15	19.68
3	1.5	0.7	5.6	12.9	0	0.09	18.05	19.55

续表

p_1	p_2	θ_l	π^*	Q^*	β_l^*	β_h^*	$R(\beta_l^* \mid Q)$	$R(\beta_h^* \mid Q)$
3	1.25	0.3	3.11	6.8	0.4	0.6	9.56	10.06
3	1.25	0.7	2.97	5.2	0.6	0.7	8.09	8.35

通过计算结果可以发现，依赖二级市场折扣水平和市场需求状态的不同，零售商可以选择仅在一级市场上销售、仅在二级市场上销售或在两个市场上同时销售。当 $p_2=1.75$ 和 $p_2=1.5$ 时，在低需求市场状态下，零售商的最优决策是仅在二级市场上进行销售。当 $p_2=1.25$ 时，无论在何种市场需求状态下，零售商的最优决策都是在两个市场上销售。随着二级市场上销售价格的不断降低，当销售价格趋于或低于成本价时，零售商的最优决策将为仅在一级市场上进行销售。

3.5 本章小结

本章主要讨论了零售企业在销售季节性商品时的订购和销售策略。在销售季节，很多零售企业会首先在一级市场上销售商品，一段时间过后再将商品在二级市场进行折价销售。本章构建了上述问题的数学模型并回答了以下几个问题：零售企业在销售季节开始前的最优订货量应是多少？零售企业是否应该只在一级市场上提供季节性商品？如果不是，零售企业如何确定向二级市场上提供商品的最佳时机？同已有的研究不同，本章考虑了不同销售渠道在时间上的先后，分析了零售企业在面临市场状态和需求不确定性情况下的最优订购数量和市场转换时机决策。

零售企业在第一阶段面对不确定性市场信息时决定订购数量，在第二阶段观察到市场状态后决定进行市场转换的时机。本章在较宽松的需求分布假设下，分析了零售企业两阶段收益函数的结构性质。我们发现：①收益函数是关于 β 和 Q 联合凹的，从而可以求解出零售企业的最优决策。②Q 和 β 之间不是简单的线性关系。这是因为零售企业的最终目标是提高自身利润而非清空库存，所以在进行销售市场转换时要权衡两个市场的潜在收益。③由于在销售季节开始前企业获得的信息较少，所以订货量 Q^* 对于某一具体的市场状态而言并非总是最优的。因此在获得更多的市场信息之后，企业对市场转换时刻的决策对自身的盈利至关重要。④对于边际成本较低的高利润行业来讲，并不需要在两个市场上都进行销售，企业应该在拥有最高潜在期望销售收益的市场上投放全部产品。⑤当不能改变市场转换时机时，任何市场上统计意义上的增强，零售企业都需要通过提高订货量以达到最优状态。

在实际中，除上述分析外，零售商还可以采取其他措施来缓解供需失衡问题，例如：①零售商可以通过同供应商签订回购协议来转移由需求不确定性所带来的库存压力。②加大对企业信息系统的投入力度以更好地掌握市场需求信息，提高需求预测的准确度，降低需求不确定性对企业的压力。③尝试采用广告、促销、品牌建设等营销手段来引导消费者需求，对销售者的购买行为产生指导性影响，进而更好地掌握消费者需求信息。④采用 VMI 等方式与供应商进行紧密合作和信息共享，以缩短订货提前期，降低供应链的不确定性。

本章的研究可以在以下几个方面进行拓展：①考虑新旧产品的替代，即何时在一级市场上引入新的产品及何时将旧商品移向二级市场渠道。②考虑由第三方控制的二级市场对零售企业和供应商的影响。③研究具有两级市场的零售企业同供应商之间的风险分担机制和供应链协调机制。

3.6 本章附录

附 3.6.1 命题 1 证明

证明：

（1）在 $[0, 1]\times[0, \infty)$ 范围内的连续性可由式（3－6）分段函数的端点值相等证出，令 $Q=N_1(\beta, \omega_1)$，有 $h_1(\beta, Q)=h_2(\beta, Q)$；令 $Q=N_1(\beta, \omega_1)+N_2B(\beta, \omega_2)$，有 $h_2(\beta, Q)=h_3(\beta, Q)$。连续性得证。

关于 Q 单调可由样本路径收益函数的形式直接得证。

（2）因为需求随机变量 $N_1(\beta)$ 和 $N_2(\beta)$ 的样本值 $N_1(\beta, \omega_1)$，$N_2(\beta, \omega_2)<\infty$，所以在给定 Q 时关于 $\beta\in[0, 1]$ 是 Lipschitz 连续的性质得证。

（3）记 $N(\beta, \omega)=N_1(\beta, \omega_1)+N_2(\beta, \omega_2)$，对于一个更一般性的样本路径收益函数，有：

$h[Q, N(\beta, \omega), N_1(\beta, \omega_1)]=p_1\min[Q, N_1(\beta, \omega_1)]+p_2\min\{[Q-N_1$

$(\beta, \omega_1)]^+, N(\beta, \omega) - N_1(\beta, \omega_1)\}$

在 $p_1 \geqslant p_2$ 时，可知 $h[Q, N(\beta, \omega), N_1(\beta, \omega_1)]$ 是以下线性规划的最优目标：

$h[Q, N(\beta, \omega), N_1(\beta, \omega_1)] = \max p_1x_1 + p_2x_2$

s. t.

$x_1 \leqslant Q$

$x_1 \leqslant N_1(\beta, \omega_1)$

$x_1 + x_2 \leqslant Q$

$x_1 + x_2 \leqslant N(\beta, \omega)$

$x_1, x_2 \geqslant 0$

显而易见，对于任何 $Q, N(\beta, \omega), N_1(\beta, \omega_1) \geqslant 0$，该线性规划问题是可行的，且有最优解。其对偶问为：

$h[Q, N(\beta, \omega), N_1(\beta, \omega_1)] = \min Qy_1 + N_1(\beta, \omega_1)y_2 + Qy_3 + N(\beta, \omega)y_4$

s. t.

$y_1 + y_2 + y_3 + y_4 \geqslant p_1$

$y_3 + y_4 \geqslant p_2$

$y_1, y_2, y_3, y_4 \geqslant 0$

对于每个对偶问题的可行解（y_1, y_2, y_3, y_4），表达式 $Qy_1 + N_1(\beta, \omega_1)y_2 + Qy_3 + N(\beta, \omega)y_4$ 是关于 $[Q, N(\beta, \omega), N_1(\beta, \omega_1)]$ 的一个凹函数（线性函数）。因此，$h[Q, N(\beta, \omega), N_1(\beta, \omega_1)]$ 的每个点都是一组凹函数中的最小值点，由 Stephen Boyd（2009）可知，在 $p_1 \geqslant p_2$ 时，$h[Q, N(\beta, \omega), N_1(\beta, \omega_1)]$ 是关于 $[Q, N(\beta, \omega), N_1(\beta, \omega_1)]$ 联合凹的。

接下来，我们将证明如果 $N(\beta, \omega)$ 和 $N_1(\beta, \omega_1)$ 是关于 β 凹的，则 $h(Q, \beta)$ 是关于（Q, β）联合凹的。容易看出，$h[Q, N(\beta, \omega), N_1(\beta, \omega_1)]$ 关于 $[Q, N(\beta, \omega), N_1(\beta, \omega_1)B]$ 都是非递减的。定义 $Q(t) = q_0 + \sin(\theta)t$，$\beta(t) = \beta_0 + \cos(\theta)t$，从点 (q_0, β_0) 到 θ 的任意方向，$N[\beta(t), \omega]$ 和 $N_1[\beta(t), \omega_1]$ 都是关于 t 凹的。由 Stephen Boyd（2009）可知，以下形式定义的 $f(t)$ 对于任意 θ 关于 t 也是凹的：

$f(x) = h\{Q(t), k[\beta(t)], k_1[\beta(t)]\}$

由此可见，$h(Q, \beta)$ 沿着任一方向都是凹的，即函数关于（Q, β）是联合凹的。证毕。

附 3.6.2 命题 3 证明

证明：

根据 Kleywegt 和 Shapiro（2001）与 Glasserman 和 Tayur（1995），因为 $R(\beta|Q)$ 基本上处处可微，且关于 β 呈 Lipschitz 连续，我们可以交换求导和期望的位置，得出一阶导条件。

$$\begin{aligned}\frac{\partial E[R(\beta|Q)]}{\partial\beta} &= E\left[\frac{\partial R(\beta|Q)}{\partial\beta}\right] = E\left[\frac{\partial h_1(\beta, Q)}{\partial\beta}\middle| Q\leqslant N_1(\beta)\right] + \\ &\quad E\left[\frac{\partial h_2(\beta, Q)}{\partial\beta}\middle| N_1(\beta)\leqslant Q\leqslant N_1(\beta)+N_2(\beta)\right] + \\ &\quad E\left[\frac{\partial h_3(\beta, Q)}{\partial\beta}\middle| N_1(\beta)+N_2(\beta)<Q\right] \\ &= (p_1-p_2)E\left[\frac{\partial N_1(\beta)}{\partial\beta}\middle| N_1(\beta)\leqslant Q\leqslant N_1(\beta)+N_2(\beta)\right] + \\ &\quad E\left[p_1\frac{\partial N_1(\beta)}{\partial\beta}+p_2\frac{\partial N_2(\beta)}{\partial\beta}\middle| N_1(\beta)+N_2(\beta)<Q\right]\end{aligned}$$

附 3.6.3 命题 4 证明

证明：

已知 $R^*(Q)=\sup\limits_{0\leqslant\beta\leqslant1}E[R(\beta, Q)]$，并已知 $E[R(\beta, Q)]$ 关于 Q 是凹的，$0\leqslant\beta\leqslant1$ 是一个非空凸集，且对所有 Q，$R^*(Q)<+\infty$，根据 Stephen Boyd（2009），有 $R^*(Q)=\sup\limits_{0\leqslant\beta\leqslant1}E[R(\beta, Q)]$ 关于 Q 是凹的。

附 3.6.4 命题 5 证明

证明：

当 $\omega=0$ 时，零售企业面临的问题为：

$$\pi^*=\max_{Q\geqslant0}\{\theta_l\max_{0\leqslant\beta\leqslant1}E[R_l(\beta|Q)]+\theta_h\max_{0\leqslant\beta\leqslant1}E[R_h(\beta|Q)]\}$$

因为期望收益函数 $E[R_s(\beta|Q)]$ 关于 Q 在状态 $s=l, h$ 时是非递减的，所以 $Q^*\to\infty$ 时，期望收益最大。当 $Q^*\to\infty$ 且随机变量满足 $N_1(\beta)+N_2(\beta)<Q$ 时，对于状态 $s=l, h$，期望收益函数退化为 $[R_s(\beta|Q)]=p_1E[N_1(\beta)]+p_2E[N_2(\beta)]$。

当 $p_1E\left[\frac{\partial N_1(\beta)}{\partial\beta}\right]+p_2E\left[\frac{\partial N_2(\beta)}{\partial\beta}\right]\leqslant0$ 时，由命题 3，$\beta^*=0$；在其他情况下，

$\beta^* = 1$。

附 3.6.5 命题 6 证明

证明：

令 $N_1(\beta, \omega_1) = x$，$N_2(\beta, \omega_2) = y$。可将式（3－6）变化为以下形式：

$$R(\beta \mid Q) = \begin{cases} h_1(\beta, Q) = p_1 Q, & Q < x \\ h_2(\beta, Q) = (p_1 - p_2)x + p_2, & Qx \leqslant Q \leqslant y \\ h_3(\beta, Q) = p_1 x + p_2 y, & x + y \leqslant Q \end{cases} \tag{3-9}$$

根据式（3－9），有[①]：

$$E[R(Q)] = p_1 Q\overline{F}(Q) + [p_2 Q + (p_1 - p_2)x]\int_0^{\infty}\int_{Q-y}^{Q} f_1(x)dxf_2(y)dy + (p_1 x + p_2 y)\int_0^{Q}\int_0^{Q-y} f_1(x)dxf_2(y)dy \tag{3-10}$$

式（3－10）对 Q 进行求导，得：

$$\frac{dE[R(Q)]}{dQ} = p_1\overline{F}_1(Q) - p_1 Qf_1(Q) + p_2 F(Q) - p_2\int_0^{Q} F(Q-y)f_2(y)dy + p_2 Qf_1(Q) - p_2 Q\int_0^{\infty} f_1(Q-y)f_2(y)dy + p_1 Qf_1(Q) - p_1\int_0^{Q}[(Q-y)f_1(Q-y)]f_2(y)dy - p_2 Qf_1(Q) + p_2\int_0^{\infty}[(Q-y)f_1(Q-y)]f_2(y)dy + p_1\int_0^{Q}[(Q-y)f_1(Q-y)]f_2(y)dy + p_2\int_0^{Q} yf_1(Q-y)f_2(y)dy$$

对上式进行简化合并，得：

$$\frac{dE[R(Q)]}{dQ} = p_1\overline{F}_1(Q) + p_2[F_1(Q) - \int_0^{Q} F_2(Q-x)f_1(x)dx] \tag{3-11}$$

式（3－11）可看作两部分之和：$p_1\overline{F}_1(Q)$ 为一级市场上的销售价格与一级市场上需求大于 Q 的概率相乘。$p_2[F_1(Q) - \int_0^{Q} F_2(Q-x)f_1(x)dx]$ 为二级市场上

① 为表示简便，证明过程中将分布函数和概率密度函数的上标 s 去掉，同见命题 7 证明过程。

的销售价格乘以某一概率，此概率为一级市场中需求小于 Q 的概率 $F_1(Q)$减去两个市场需求总量小于 Q 的概率。

当二级市场的需求在统计意义上增大时，$F_2(Q-x)$ 会减小，从而 $p_2[F_1(Q)-\int_0^Q F_2(Q-x)f_1(x)dx]$ 会增大，进而令$\frac{dE[R(Q)]}{dQ}$增大。

将式（3－11）进行简单形式变化，可得：

$$\frac{dE[R(Q)]}{dQ}=(p_1-p_2)\bar{F}_1(Q)+p_2[1-\int_0^Q F_2(Q-x)f_1(x)dx] \quad (3-12)$$

同理，将式（3－12）看作两部分之和。设一级市场的需求在统计意义上增大后的概率密度函数为 $f'_1(x)$，有 $\int_0^Q f_1(x)dx>\int_0^Q f'_1(x)dx$，由此可知$(p_1-p_2)\bar{F}_1(Q)$将增大。且由 $\int_0^Q f_1(x)dx>\int_0^Q f'_1(x)dx$，可知 $\int_0^Q F_2(Q-x)f_1(x)dx>\int_0^Q F_2(Q-x)f'_1(x)dx$，即 $p_2[F_1(Q)-\int_0^Q F_2(Q-x)f_1(x)dx]$ 将增大。根据式（3－10），可知$\frac{dE[R(Q)]}{dQ}$将增大。

至此，根据定理 1，命题 6 得证。

附 3.6.6 命题 7 证明

证明：

根据式（3－11），考虑具体需求情景，可得：

$$\frac{dE[R^h(Q)]}{dQ}=p_1\bar{F}_1^h(Q)+p_2\left[F_1^h(Q)-\int_0^Q F_2^h(Q-x)f_1^h(x)dx\right] \quad (3-13)$$

$$\frac{dE[R^l(Q)]}{dQ}=p_1\bar{F}_1^l(Q)+p_2\left[F_1^l(Q)-\int_0^Q F_2^l(Q-x)f_1^l(x)dx\right] \quad (3-14)$$

令式（3－13）减去式（3－14），化简后得：

$$\frac{dE[R^h(Q)]}{dQ}-\frac{dE[R^l(Q)]}{dQ}=(p_1-p_2)[\bar{F}_1^h(Q)-\bar{F}_1^l(Q)]+p_2\left[\int_0^Q F_2^l(Q-x)f_1^l(x)dx-\int_0^Q F_2^h(Q-x)f_1^h(x)dx\right] \quad (3-15)$$

将式（3－15）看作两部分之和。已知一级市场在 h 和 l 情景下的概率密度函数分别为 $f_1^h(x)$ 和 $f_1^l(x)$，类似地，二级市场的概率密度函数分别为 $f_2^h(y)$ 和 $f_2^l(y)$。因所有市场的需求在统计意义上有 $N^h > N^l$，所以 $\int_0^Q f_1^h(x)dx < \int_0^Q f_1^l(x)dx$，$\int_0^Q f_2^h(y)dy < \int_0^Q f_2^l(y)dy$，即 $\bar{F}_1^h(Q) > \bar{F}_1^l(Q)$，$\bar{F}_2^h(Q) > \bar{F}_2^l(Q)$。又已知 $p_1 > p_2$，所以 $(p_1 - p_2)[\bar{F}_1^h(Q) - \bar{F}_1^l(Q)] > 0$。同理有 $\int_0^Q F_2^l(Q - x)f_1^l(x)dx > \int_0^Q F_2^h(Q - x)f_1^h(x)dx$。综上，可知 $\frac{dE[R^h(Q)]}{dQ} > \frac{dE[R^l(Q)]}{dQ}$。

至此，根据定理 1，命题 7 得证。

4 在线二级市场上季节性商品的订购和销售决策分析

【本章介绍】本章以电影行业作为研究的实际背景，在给定价格路径的设定下，且在线渠道使一级市场和二级市场的需求存在交互影响时，从电影发行方的角度研究了电影行业中，电影在一级市场上影院上映和在二级市场上 DVD 租赁之间的最优转换时间决策，并分析了发行方在二级租赁市场上 DVD 租赁的最优供给量决策。

4.1 研究背景与文献综述

4.1.1 案例介绍

二级市场的研究不仅包括制造业的实体产品，在服务行业中，二级市场也正在蓬勃发展。目前，在新一轮的国际竞争中，文化产业的发展正方兴未艾，各国纷纷把信息产业和文化产业作为发展的重点，其中电影产业更是成为各国竞相追求的发展重点。电影产品本身较为特殊，肩负物质性和精神性两方面：一方面，电影产品需要具体媒介如胶片等来承载；另一方面，电影产品又是精神产品，是承载着文化使命的文化和信息产品。而且，电影还可被称为公共产品。很多消费者同时消费电影时，并不会降低电影的产品价值。又由于电影的边际成本极低，所以电影行业有巨大的增值空间。正是基于以上特征，电影行业的供应链与其他类型的供应链相比，复杂程度更大。具体而言，在供应链源头有制片，在一级市场上有实际发行和放映两类业务。而且，其不仅有影院这一类的一级市场，还有音像制品等二级市场渠道，同时涉及多个产业领域。

中国电影产业的供应链包括制片商、电影发行商和二级市场营销商等主要部分：①制片商，是供应链源头，负责电影的生产制作环节，相当于常规供应链中的制造商。②院线中的影片发行商，是供应链中的零售环节，通常为一级市场上的销售主体，扮演零售商角色。电影行业的一级市场零售商从制片商处购买电影发行权，然后电影在一级市场上以院线上映的形式销售。③其他传播渠道。在电影行业中，院线中的影片发行商是一级市场的营销主体，除此之外，二级市场上的销售主体有多种形式，如 DVD 发行与租赁、电视、新媒体（在线视频）等。

根据 Lehmann 和 Weinberg（1998）的相关研究可知，在发达国家，电影业的收入有很大一部分来源于二级市场，也即院线放映以外的其他渠道，如美国电影产业的票房收入只占 30% 左右，其主要收入来自版权交易和其他延伸产品。以影片《泰坦尼克号》为例，其在一级市场上的票房销售收入为 7 亿美元，而影片相关的 DVD、唱片和船模等产品收入高达 15 亿美元。与此相对比，在中国，很多影片的收入仍以一级市场上的院线放映收入为主，很少有影片有来自一级市场外其他渠道的收入。而在近几年，我国有一部分电影企业为了增加影片在一级市场外的收入，出现影片以 DVD 等形式进入二级市场的时间不断提前的现象，有的影片甚至出现与影院同时放映或早于影院放映的情形，这对一级市场上影院的票房收入造成了直接的威胁。相关报道显示，《无间道 3》这部影片的 DVD 影碟是电影在一级市场上映三天后推出的。该影片上映当天的首映票房是 26 万元，在 DVD 版本进入二级市场后，该影片在一级市场上的销售收入减至 5 万元，一级市场上的收益发生巨大衰减，直接影响了零售商的利润，长此以往，势必影响到电影行业在一级市场上的发展。但是，如果过于推迟正版音像制品在二级市场上的上市时间，一方面会给盗版商提供机会，另一方面可能导致电影在一级市场上映前的高额营销宣传效果的浪费，造成音像市场的萎靡。

基于以上现实背景可知，电影行业中存在的一级市场和二级市场的多渠道性，既为电影业提供了更多的价值增值空间，也向电影行业提出了协调一级市场和二级市场的要求。鉴于电影行业中存在销售时间先后顺序的市场之间的矛盾，在本章中，我们对二级市场上的关注主要集中在二级市场上的 DVD 租赁形式。本章考虑一级市场和二级市场上的销售主体均为电影发行方的模型。从电影发行方收益最大化的角度，分析了电影行业的一级市场电影放映和二级市场上 DVD 租赁之间的最优转换时间决策，以及二级市场上影片 DVD 租赁的最优供货量决策。

4.1.2 文献回顾

与本章相关的研究主要是动态定价。在定价问题的相关文献中，已有相当数量的文献对零售商的最优降价策略进行了研究，其中 Elmaghraby 和 Keskinocak（2003）、Bitran 和 Caldentey（2003）、Tallur 和 van Ryzin（2004）的三篇文章为动态定价问题做了详细的综述。

本章研究的固定价格路径是一个静态的动态定价问题。考虑固定价格路径的文章有 Feng 和 Gallego（1995）、Bitran 和 Mondschein（1997）、Feng 和 Gallego（2000）、Petruzzi 和 Monahan（2003）。其中，在 Feng 和 Gallego（1995）的研究中，他们使用了动态规划方程来分析给定库存水平低的情景下，无限时间销售期下单一产品的促销期的最优开始时间和最优促销价格决策。Feng 和 Gallego（2000）拓展了这一工作，他们的研究将需求考虑为一个与时间相关的马尔科夫过程。以上这两篇文章都假设在销售季节初期零售商的库存水平是预先确定的，并没有涉及订货量的决策问题。Corts 等（1997）关注了每个零售商均可以选择降价时机情景下的多个零售商之间的竞争问题。Bitran 和 Mondschein（1997）研究了单个零售商在多期动态环境下的动态定价和固定折扣策略，即设定初始价格并采取预先决定的价格折扣策略。他们还研究了在每一种定价策略情况下的最优订货量决策。Bitran 等（1998）从另一方面考虑了零售商承诺在预定的时间内修改价格的情况。

在耐用品收益管理研究文献中，关于时点转换问题的研究多关注新产品的引入时间，见 Bass（1969）、Moorthy（1992）等。Wilson 和 Norton（1989）使用 Bass（1969）的产品扩散模型，得出引进新产品的最佳时间是在产品生命周期的初始阶段，越早越好。他们还提出，当新产品的引入不能带来足够的市场增长率时，零售商的最优市场决策是不引进新产品。Kalish（1985）、Lehmann 和 Weinberg（1998）、Mahajan 和 Muller（1996）在 Bass 的产品创新扩散模型的基础上，研究了新产品的进入时间决策。

当零售商销售易逝品时，降价时点转换成为重要的决策变量。Drake 等（2008）在体育和娱乐业的现实背景下，发现何时从捆绑销售切换到优先销售个体票对提高发行商的早期现金流很重要。Khouja 和 Robbins（2005）讨论了图书出版业应该何时从出版精装版切换到出版简装版。在收益管理领域中，已有部分文章研究了动态定价中最优降价时点的问题，详细的综述可见 Elmaghraby 和 Keskinocak（2003）与 Chiang 等（2004）的两篇文章。Gallego 和 van Ryzin（1994）提出了对以后的研究具有较大影响力的 GVR 模型。GVR 模型是指易逝品的初始库存数量为 n，在固定销售期限 T 内进行销售。因为产品具有易逝性，所有在销售期末未被销售的产品残值为 0。他们的研究显示，当消费者服从泊松分布到达时，垄断厂商的最优降价时点与其初始库存水平、销售期时间长度，以及降价前后的需求到达率有关。N. C. Petruzzi 和 G. E. Monahan（2003）研究了在离散的时间情景下，累计需求关于时间递增时零售商在一级市场上销售的最优停止时间。杨慧和周晶（2006，2007）的两篇文章分别研究了两个竞争性零售商关于降价时点的 Cournot 博弈问题和 Stackelberg 博弈问题，他们分析了当市场中存在两个有竞争的零售商时，因降价时点的不同，需求转移概率作为外生参数对两个零售商最优降价时点的影响。

有关电影行业中二级市场的研究多见于市场营销领域的文章。Eliashberg 和 Sawhney（1994）、Eliashberg 和 Weinberg（1999）及 Wallace、Seigerman 和 Holbrook（1993）从实证分析的角度研究了影响美国电影业成功发行的因素。Childs（1992）和 S. Wiese（1989）的研究显示，影院电影的上映期大概是三个月，行业习惯是在电影上映六个月后发行 DVD 版本，他们在文献中并没有解释为什么会有三个月的空档期，这一期间内市场上并没有相应的产品。A. J. Quelch 等（1990）在其研究中认为，一部电影应该“休息”一段时间，避免在视频发布之前曝光过度。Goldberg（1991）根据其研究给出了其他的一些解释，比如使用早期版本来阻止盗版在市场上横行、等待奥斯卡提名、等待需求顶峰的来临，比如说冬季圣诞节销售和寒冷天气能够增加视频租赁服务，并希望能够避免竞争版本，这些都是给出特定情况下的原因而没有给出一致的解释。Mahajan 和 Muller（1996）的研究显示，视频应该与电影一起引入或者在电影下线前就推出。然而，在实际情况当中，视频从未在电影正在放映的时期开始发售。因此，视频版本什么时候引入市场还悬而未决。这些研究都是从定性和数据分析的角度来研究电影市场中一级市场和二级市场之间的转换时间问题，并且没有涉及二级市场上 DVD 租赁的最优供给量问题。

在本章的研究问题中，在二级市场上提供的商品和在一级市场上提供的商品存在一定程度的替代性，对于理性消费者而言，产品的感知价值随时间流逝衰减。我们从影片发行方的角度考虑了时间决策问题并构建了一个新的需求模型，在新的需求模型下，研究在线二级市场情景下零售商的最优订购决策和最优转换时机决策。本章的其余部分组织如下：第二部分是问题的描述和模型的构建，第三部分对模型进行了求解和分析，第四部分为算例分析，第五部分总结了本章的发现、研究贡献和进一步研究的方向。

4.2 问题描述和模型构建

4.2.1 问题描述

本章中，我们考虑产品以租赁的方式在二级市场上进行销售，也即产品总供给率不变。因本章研究的模型可以应用于电影行业，但又不仅限于电影行业，所以在本章中，我们还对一级市场和二级市场上的销售主体沿用零售商的称呼。我们在本章中从一级市场和二级市场上零售商的角度构建模型并进行决策分析，分析零售商在一级市场和二级市场上最优转换时间的决策（向二级市场投放DVD产品），并分析零售商在二级市场的最优投放量决策。

本章研究的电影行业的供应链结构如图4-1所示。

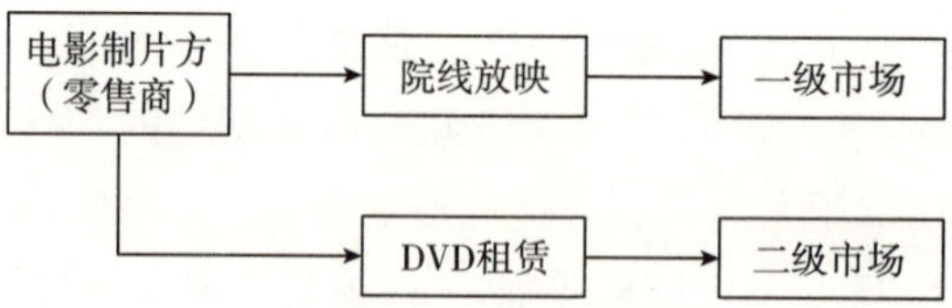

图4-1　电影行业一级市场和二级市场的供应链结构

我们考虑一级市场和二级市场上销售需求相关性产品的情形，一级市场和二级市场在本质上存在时间上的先后顺序。零售商在一级市场和二级市场上进行销售，一级市场和二级市场在开设时间上存在先后顺序，一级市场在销售季节开始后先开始销售，并在一段时间后关闭，一级市场关闭后，二级市场开放。一级市场和二级市场上的产品价值随时间衰减，两个市场上销售的产品存在需求相关性和替代性，一级市场的开设时间影响二级市场上的消费者对产品的需求，二级市场的产品价格同样也对一级市场的顾客需求产生影响。一级市场上的产品为电影，当新上映的电影在一级市场上发行一段时间后，产品以DVD租赁的形式在二级市场上进行销售。零售商在期初预先告知在一级市场的价格以及未来在二级市场上的折扣价格，即预先确定价格路径。两个市场上的销售价格分别为 p_1 和

p_2，有 $p_1 > p_2 > 0$。零售商将具体降价时点 t_1，也即向二级市场转换的时机作为决策变量，并在二级市场销售开始前决定最优订购数量 q。在本章中，我们从零售商的角度来研究零售商在两级市场间的最佳转化时机和零售商在二级市场上的最优订购数量决策。

4.2.2 模型假设及构建

模型的基本假设如下：

（1）零售商处于垄断地位，面向电影放映的一级市场和 DVD 租赁的二级市场销售。

（2）一级市场和二级市场在 $t=0$ 时的初始需求率可以分别表达为 $d_1=\alpha_1-\beta_1 p_1+\gamma_1 p_2$ 和 $d_2=\alpha_2-\beta_2 p_2+\gamma_2 p_1$。$\gamma_1$ 和 γ_2 反映了两个市场上需求的交互关系，当一级市场价格上升时，二级市场的需求会上升，同样地，二级市场降价会导致一级市场的需求减少。

（3）零售商销售季节开始后预先决定价格路径，在一级市场上的销售价格为 p_1，在二级市场上的销售价格为 p_2，有 $p_1 > p_2 > 0$。

表 4-1 所示为本章所涉及的模型参数。

表 4-1 模型参数

符号	代表的含义
p_1	零售商在一级市场上的销售价格
p_2	零售商在二级市场上的销售价格
d_1	零售商在一级市场上 $t=0$ 时刻面对的初始需求率
d_2	零售商在二级市场上 $t=0$ 时刻面对的初始需求率
t_1	零售商在一级市场和二级市场的转换时机
m_1	一级市场需求率随时间的衰减系数
l_1	一级市场开设时，二级市场需求率随时间的衰减系数
l_2	一级市场关闭后，二级市场需求率随时间的衰减系数
n	单位时间内单位产品在二级市场上的循环次数
ω	零售商二级市场上单位产品的生产成本
q	零售商在二级市场上的供给数量
τ	二级市场上产品需求等于产能的时刻
T	一级市场和二级市场的总销售时间长度

零售商通过制定一级市场和二级市场的最优市场转换时间和对二级市场的供给量决策来最大化整个销售期间的收益。

根据 Krider 和 Weinberg（1998），一级市场上的需求率随时间下降，服从指数函数：

$$\begin{cases} d_1(t) = d_1 \cdot e^{-m_1 t}, & 0 \leqslant t < t_1 \\ d_1(t) = 0, & t \geqslant t_1 \end{cases} \tag{4-1}$$

其中，$d_1(t)$ 表示一级市场在 t 时刻的需求率。我们设定 $d_1 = \alpha_1 - \beta_1 p_1 + \gamma_1 p_2$ 为未开设二级市场时，一级市场在 $t=0$ 时刻的初始需求率。当 $0 \leqslant t < t_1$，也即产品仅在一级市场销售时，零售商在一级市场上面临的需求率以 m_1 的系数随时间以指数形式衰减，即 $d_1(t) = d_1 \cdot e^{-m_1 t}$，$0 \leqslant t < t_1$。在本章考虑的实际背景中，当在二级市场上投放产品时，一级市场上产品的销售会急剧衰减，且考虑二级市场上的销售存在价格折扣，又由于在线二级市场的特征，一级市场上的消费者可以轻易在二级市场上实现购买行为，所以在实际中在开设二级市场后一般都会关闭一级市场。基于以上实际背景，我们设定当 $t \geqslant t_1$ 时，也即二级市场开设后，有 $d_1(t) = 0$，$t \geqslant t_1$。

同样，根据 Krider 和 Weinberg（1998）的实证分析，二级市场的需求也服从相似的指数衰减。令 $d_2(t, t_1)$ 代表在 t 时刻二级市场的需求率，其中 $t \geqslant t_1$。有：

$$d_2(t, t_1) = d_2(t_1) \cdot e^{-l_2(t-t_1)}, \quad t \geqslant t_1 \tag{4-2}$$

式（4-2）表示在二级市场开设后，零售商在二级市场上面对的需求率以 l_2 的速率进行衰减。在 t_1 时刻，二级市场的初始需求率为 $d_2(t_1)$，假设 $\frac{d[d_2(t_1)]}{dt_1} < 0$。这一假设的经济含义为零售商在一级市场与二级市场之间的转换时机决策 t_1 越晚，其在二级市场上面对的潜在需求率越低。这一特性发生的主要原因是随着时间的推移，产品对消费者的效用会越来越低，甚至急剧衰减为 0。

其中：

$$d_2(t_1) = d_2 \cdot e^{-l_1 t_1} \tag{4-3}$$

对于式（4-3），$d_2 = \alpha_2 - \beta_2 p_2 + \gamma_2 p_1$ 为在 $t=0$ 时刻二级市场上的潜在需求率。$d_2(t_1) = d_2 \cdot e^{-l_1 t_1}$ 表示二级市场在 t_1 时刻（也即二级市场开设时）的初始需求率，该表达式的经济含义为二级市场上的潜在需求率 d_2 在一级市场开设期间 $[0, t_1]$ 时间段内，以 l_1 的衰减率进行衰减。

综上，有：

$$d_2(t, t_1) = d_2 \cdot e^{-l_1 t_1} \cdot e^{-l_2(t-t_1)}, \quad t \geqslant t_1 \tag{4-4}$$

对于面向一级市场和二级市场销售的零售商，要决定其在一级市场和二级市场上销售的转换时机 t_1 和在二级市场上的供应量 q。我们采用逆向求解分析的方法对模型进行求解。先对零售商在二级市场上的供应量 q 进行求解分析，并在此基础上，对零售商在第一阶段的转换时机决策进行求解分析。

4.3 模型求解和分析

4.3.1 零售商在二级市场的最优供应数量分析

在给定了价格路径后，即给定一级市场的销售价格为 p_1，二级市场的销售价格为 p_2 后，我们首先对零售商对二级市场上的供应量决策进行分析。在二级市场上，零售商面对的需求率 V(u) 如下所示：

$$V(u) = d_2 \cdot e^{-l_1 t_1} \cdot e^{-l_2(t-t_1)} = (\alpha_2 - \beta_2 p_2 + \gamma p_1) \cdot e^{-l_1 t_1} \cdot e^{-l_2(t-t_1)}, \quad u = t - t_1$$

V(u) 表示在 $[t - t_1]$ 时刻，零售商在二级市场上面对的需求率。其中，t 表示自一级市场开设后整个销售期的时间长度。已知，d_2 为当 $t = 0$ 时二级市场的初始需求率，$d_2 = \alpha_2 - \beta_2 p_2 + \gamma_2 p_1$。$e^{-l_1 t_1}$ 表示当一级市场存在时，也即 $[0, t_1]$ 时间区间内，二级市场的需求率以 l_1 的指数速度衰减。因为二级市场仅在 $t = t_1$ 时刻后开设，所以 $e^{-l_2(t-t_1)}$ 表示在二级市场开设且一级市场关闭后，零售商在二级市场上面对的需求率以 l_2 的指数速率衰减。本章研究的现实背景为二级市场的产品是以 DVD 租赁的形式进行销售，也即产品的供给率恒定。设在τ时刻，需求[V(τ)]等于产能，如图 4-2 所示。

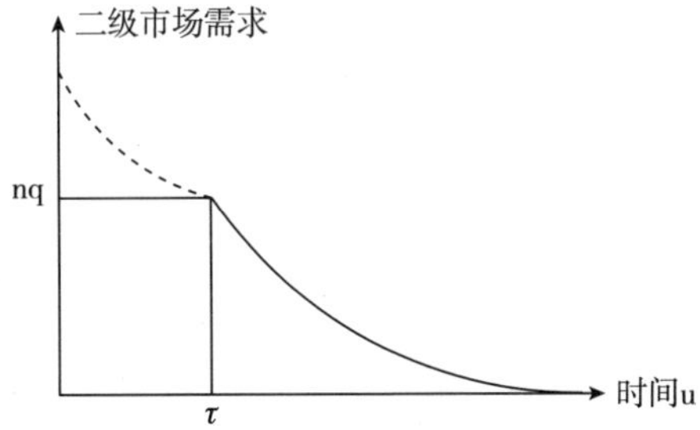

图 4-2 零售商在二级市场上面对的需求

因设在τ时刻，需求[V(τ)]等于供给，可以根据式（4-5）求解出τ：

$$nq = V(\tau) = (\alpha_2 - \beta p_2 + \gamma_2 p_1) \cdot e^{-l_2 t_1} \cdot e^{-l_1 \tau} = k_1 \cdot e^{-l_1 \tau} \quad (4-5)$$

其中，

$$k_1 = d_2 \cdot e^{-l_2 t_1} = (\alpha_2 - \beta p_2 + \gamma_2 p_1) \cdot e^{-l_2 t_1} \quad (4-6)$$

因此，

$$\tau = \frac{1}{l_1} \ln\left(\frac{k_1}{nq}\right) \quad (4-7)$$

为了更进一步地专注于研究问题，假设在二级市场这部分的模型研究中，我们在模型中设定零售商在二级市场上的产品持有成本和缺货成本都为0。基于此，在二级市场上，零售商的利润函数为：

$$P_R = p_2\left(\int_0^\tau nq du + \int_\tau^T k_1 e^{-l_1 u} du\right) - \omega q \quad (4-8)$$

其中，二级市场的销售时限为［t_1，T］。$\int_0^\tau nq du$ 表示在二级市场上的［t_1，τ］期间，也即一级市场转换时间之后，在二级市场上的需求状态为供不应求的时间段内，零售商在二级市场上的实际销售状况。$\int_\tau^T k_1 e^{-l_1 u} du$ 表示在二级市场上的［τ，T］期间，也即在二级市场的需求状态为供大于求的时间段内，零售商在二级市场上的实际销售状况。$p_2\left(\int_0^\tau nq du + \int_\tau^T k_1 e^{-l_1 u} du\right)$ 表示在二级市场的整个销售时期［t_1，T］内，零售商所获得的收益，ωq 表示零售商的采购成本。

对式（4-8）进行计算简化，得：

$$P_R = np_2 q \tau + \frac{p_2 k_1}{l_1}(e^{-l_1 \tau} - e^{-l_1 T}) - \omega q \quad (4-9)$$

为最大化利润，二级市场上的零售商选择最优供应数量 q^* 来最大化式（4-9）。对式（4-9）关于 q 求导，且注意 τ 为关于 q 的函数，得：

$$\frac{\partial P_R}{\partial q} = np_2 q \frac{\partial \tau}{\partial q} + np_2 \tau - p_2 k_1 \frac{\partial \tau}{\partial q} e^{-l_1 \tau} - \omega \quad (4-10)$$

根据式（4-7），可知：

$$\frac{\partial \tau}{\partial q} = -\frac{1}{l_1 q} \quad (4-11)$$

将式（4-7）和式（4-11）代入式（4-10）并简化，得：

$$\frac{\partial P_R}{\partial q} = \frac{np_2}{l_1} \cdot \ln\left(\frac{k_1}{nq}\right) - \omega \quad (4-12)$$

令一阶条件为 0，即$\frac{\partial P_R}{\partial q}=0$，得零售商在二级市场上的最优订购数量 q^* 为：

$$q^*=\frac{k_1}{n}e^{-\left(\frac{\omega l_1}{p_2 n}\right)} \tag{4-13}$$

将式（4-6）代入式（4-13），则式（4-13）的最优解变为：

$$q^*=\frac{k_1}{n}e^{-\left(\frac{\omega l_1}{p_2 n}\right)}=\frac{d_2}{n}e^{-l_2 t_1}e^{-\left(\frac{\omega l_1}{p_2 n}\right)} \tag{4-14}$$

将 d_2 的表达式代入式（4-14），也即零售商在二级市场的最优订货量为：

$$q^*=\frac{(\alpha_2-\beta p_2+\gamma_2 p_1)}{n}e^{-l_2 t_1}e^{-\left(\frac{\omega l_1}{p_2 n}\right)} \tag{4-15}$$

命题 1　当给定零售商在一级市场和二级市场间的转换时间 t_1 时，零售商在二级市场上对产品的最优供给量为 $q^*=\frac{(\alpha_2-\beta p_2+\gamma_2 p_1)}{n}e^{-l_2 t_1}e^{-\left(\frac{\omega l_1}{p_2 n}\right)}$。

从命题 1 中零售商在二级市场上的最优供给量的表达式我们可以看出，在给定零售商在一级市场和二级市场间的转换时间 t_1 时，零售商在二级市场上的最优供给量受其在两级市场上的产品的销售价格 p_1 和 p_2 的影响，其中一级市场的销售价格 p_1 对二级市场最优供给量 q^* 的影响主要体现在对二级市场初始需求率的影响上，而零售商在二级市场上产品的销售价格 p_2 对 q^* 的影响则较为复杂。我们在本章的算例分析一节中对零售商在二级市场上的最优订购量 q^* 与其在二级市场上的销售价格 p_2 进行赋值模拟，观察两者之间的单调关系。同时，从命题 1 可知，零售商在二级市场上的最优供给量 q^* 还与二级市场上需求率随时间衰减的速度 l_1 和 l_2，以及产品在二级市场上的循环速度 n 有关。

同时，从命题 1 中的零售商对二级市场上的最优产品供给量 q^* 的最优表达式可以看出，零售商在二级市场上的最优量是关于其在一级市场与二级市场转换时间 t_1 的函数，随着转换时间的推移，零售商的最优订购数量降低。据此，有命题 2。

命题 2　零售商在二级市场上的最优供给量 q^* 与其在一级市场和二级市场间的转换时机 t_1 呈单调变化，q^* 为关于 t_1 的广义减函数。

命题 2 中 q^* 和 t_1 之间的关系能较好地反映现实中的实际情况，因为本章研究的产品对象为电影这一明显具有易逝性特征的产品。随着时间的推移，产品给消费者带来的效用会发生明显的下降。在给定其他参数的情景下，随着零售商对一级市场和二级市场销售的转换时间 t_1 的延后，二级市场上的需求会不断降低，进而零售商在二级市场上的最优供给量减少。在极端情况下，也即当 t_1 趋于无穷时，考虑零售商在整个销售期内都不停止在一级市场上的销售，二级市场不开始销售，最优供给量 q^* 为0。

命题3　零售商在二级市场上的最优供给量 q^* 与消费者在二级市场上的需求率的衰减速度 l_1 和 l_2 分别呈单调变化，q^* 为关于 l_1、l_2 的广义减函数。

这一命题反映的经济现象较为直观。当零售商在一级市场和二级市场之间的转换时机 t_1 一定时，若二级市场上的需求率随时间的衰减速度较快时，在二级市场上的整个销售时间内的总需求降低，此时，零售商在二级市场上的最优供给量 q^* 下降。在实际背景中，如果影片在一级市场上映时，观众对该影片的影评较差，则二级市场上的消费者的需求率随时间的衰减速度通常会较高，此时，影片发行方在二级市场上投放的最优 DVD 租赁数量会减少。

4.3.2　零售商最优转换时机分析

在分析出给定的两个市场之间转换时机 t_1 时零售商在二级市场上的最优供给量决策为 $q^*(t_1)$ 后，我们在本节中研究零售商在一级市场和二级市场上的最优转换时机决策 t_1^*。

设定零售商在一级市场上销售单位产品获得的利润为 M_1，在二级市场上销售单位产品获得的利润为 M_2，M_1 和 M_2 皆为常量。因在本章的实际研究背景中零售商在一级市场上销售的产品为放映电影，所以其在一级市场上不存在容量限制的问题，即我们在本章中认为产品在一级市场上不存在供不应求的情况。基于此，零售商在一级市场和二级市场上的累计利润函数如下：

$$P(t_1) = \int_0^{t_1} M_1 d_1 e^{-m_1 t} dt + M_2 q^*(t_1) \tag{4-16}$$

因为本章根据现实背景设定一级市场与二级市场不同时存在，所以 $\int_0^{t_1} M_1 d_1 e^{-m_1 t} dt$ 为零售商在一级市场开设期间获得的利润，$M_2 q^*(t_1)$ 为零售商在二级市场上获得的利润。

将式（4-14）代入式（4-16），并对式（4-16）进行计算，则零售商在一级市场和二级市场上的利润函数之和可写为：

$$P(t_1) = \underbrace{\left(M_1 \frac{d_1}{m_1}\right)(1 - e^{-m_1 t_1})}_{\text{一级市场利润}} + \underbrace{M_2 \frac{d_2}{n} e^{-l_2 t_1} e^{-\left(\frac{\omega l_1}{p_2 n}\right)}}_{\text{二级市场利润}} \tag{4-17}$$

对式（4-17）关于 t_1 求导：

$$\frac{dP(t_1)}{dt_1}=\left(M_1\frac{d_1}{m_1}\right)\cdot m_1\cdot e^{-m_1t_1}-M_2\frac{d_2}{n}e^{-\left(\frac{\omega l_1}{p_2n}\right)}\cdot l_2\cdot e^{-l_2t_1}$$

$$=M_1d_1\cdot e^{-m_1t_1}-M_2l_2\frac{d_2}{n}e^{-\left(\frac{\omega l_1}{p_2n}\right)}\cdot e^{-l_2t_1} \tag{4-18}$$

令一阶条件式（4－18）等于0，有：

$$t_1^*=\frac{1}{(m_1-l_2)}\left[\ln\left(\frac{n}{l_2}\cdot\frac{d_1M_1}{d_2M_2}\right)+\left(\frac{\omega}{p_2}\cdot\frac{l_1}{n}\right)\right] \tag{4-19}$$

将 d_1 和 d_2 的表达式代入式（4－19），得：

$$t_1^*=\frac{1}{(m_1-l_2)}\left\{\ln\left[\frac{n}{l_2}\cdot\frac{(\alpha_1-\beta_1p_1+\gamma_1p_2)M_1}{(\alpha_2-\beta_2p_2+\gamma_2p_1)M_2}\right]+\left(\frac{\omega}{p_2}\cdot\frac{l_1}{n}\right)\right\} \tag{4-20}$$

由此，可以得出命题4。

命题4　在利润最大化的决策目标下，零售商在一级市场和二级市场上销售的最优转换时机为 $t_1^*=\frac{1}{(m_1-l_2)}\left\{\ln\left[\frac{n}{l_2}\cdot\frac{(\alpha_1-\beta_1p_1+\gamma_1p_2)M_1}{(\alpha_2-\beta_2p_2+\gamma_2p_1)M_2}\right]+\left(\frac{\omega}{p_2}\cdot\frac{l_1}{n}\right)\right\}$。

从命题4中可以看出，零售商在一级市场和二级市场上销售的最优转换时机 t_1^* 受两级市场上消费者需求率随时间衰减速度的影响，并与其在一级市场和二级市场上的销售价格 p_1 和 p_2 有关。若零售商在一级市场上能够获得更大的利润空间，也即一级市场和二级市场上的利润比率 $\frac{d_1M_1}{d_2M_2}$ 变高时，零售商会延迟其在一级市场和二级市场之间的转换时机，以追求在两级市场上更高的总利润。同理，当一级市场上初始需求率 d_1 增加时，零售商对一级市场和二级市场的最优转换时间会延后；当二级市场上的初始需求率 d_2 增加时，零售商对一级市场和二级市场间的最优转换时间会提前。因为在本章模型中，一级市场和二级市场的需求具有相关性，所以一级市场和二级市场上的销售价格 p_1 和 p_2 对于零售商的最优转换时间决策的影响较为复杂，关于这一变化性质，我们会在下一节算例分析部分做详细分析。

命题5　零售商在一级市场和二级市场上销售的最优转换时机 t_1^* 与零售商在二级市场上获得单位产品的成本 ω 存在单调关系，t_1^* 为关于 ω 的广义增函数。

当零售商在二级市场上获得单位产品的成本 ω 增加时，其会延长在一级市场上的销售时间。这一命题表达的经济含义为，当零售商在一级市场和二级市场上面对的其他经济参数不变时，若二级市场上单位产品的成本 ω 增加，则零售商在二级市场上销售单位产品获得的利润降低，意味着零售商在一级市场上的销售会相对获得更高的利润，所以零售商会延迟一级市场和二级市场之间的最优转换时

机 t_1^*。在极端情况下，若 $\omega\to\infty$，即当零售商在二级市场上的采购成本或生产成本过高时，零售商会停止在二级市场上的销售，只选择在一级市场上销售。

4.4 算例分析

根据本章4.3节的模型分析，在本节中，我们通过算例对零售商在二级市场上的最优供给量决策 q^* 和二级市场上的最优转换时机决策 t_1^* 进行分析。在本章的算例设计中，我们对各个参数的赋值如表4－2所示。

表4－2　算例参数

符号	p_1	p_2	d_1	d_2	m_1	l_1
取值	50	10	1000000	2000000	0.7	0.6
符号	l_2	n	ω	M_1	M_2	—
取值	0.3	10	40	20	5	—

零售商在二级市场上的最优供给量 q^* 与其在二级市场上的销售价格 p_2 的变化关系如图4－3所示。

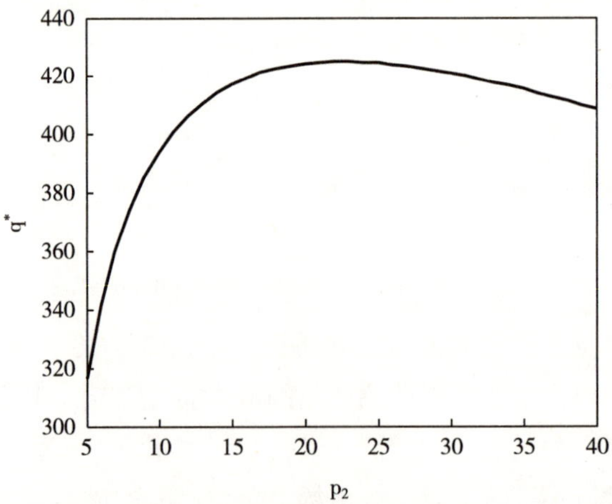

图4－3　零售商在二级市场上的最优供给量 q^* 与其在二级市场上的销售价格 p_2 的变化关系

从图4－3中可以看出，当零售商不断提高其在二级市场上的产品销售价格 p_2 时，其在二级市场上的最优供给量 q^* 呈现非单调性变化。当零售商将二级市场上的销售价格 p_2 从较低价位调高时，价格变化带来的收益的提高大于因需求减少而收益降低的效应，此阶段最优供给量 q^* 随二级市场上销售价格的提高而增大。当二级市场上的销售价格 p_2 升至某一点时，价格变化带来的边际收益增加等于需求降低带来的边际收益的递减，在此之后，随着二级市场销售价格 p_2 的不断提高，二级市场上的最优供给量 q^* 降低。

图4－4所示为零售商的最优转换时机 t_1^* 占总销售周期长度T的比例和其在一级市场和二级市场上的销售价格 p_1 和 p_2 的联合关系。

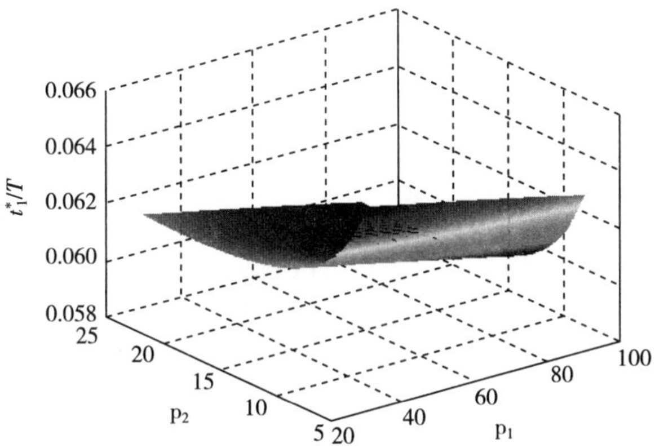

图4－4 零售商最优转换时机与两级市场上销售价格的关系

在本章构建的需求模型中，一级市场和二级市场上产品的销售价格 p_1 和 p_2 会对两级市场上的需求产生交互影响，所以从对命题4的分析可知，p_1 和 p_2 对零售商在两级市场上的最优转换时机 t_1^* 的影响较为复杂。在本节的算例参数下，由图4－4可知，在给定 p_1 的情景下，在一定范围内，随着二级市场上销售价格 p_2 的提高，零售商的最优转换时机 t_1^* 会提前，当二级市场上销售价格 p_2 大于某一点后，随着二级市场上销售价格 p_2 的提高，零售商对于两级市场上的最优转化时机 t_1^* 延后。对于这一曲线变化的经济意义，可以从直观上进行解释：当二级市场上的销售价格 p_2 从较低水平提高时，二级市场上单位价格变化带来的边际收益增加大于二级市场上需求降低带来的边际收益的递减，此时，相较于一级市场，零售商在二级市场上的销售能获得更多利润，因此零售商对于两级市场上

的最优转化时机 t_1^* 提前。随着二级市场上销售价格 p_2 的不断提高，当到达某一点时，p_2 的提高带来的边际收益增加将等于因需求降低导致的边际收益的递减，在此点之后，随着二级市场上销售价格的提高，因价格提高导致需求减少带来的边际收益的减少大于因价格增加带来的收益的增加，零售商此时会随着 p_2 的提高而延后一级市场与二级市场之间的最优转换时机 t_1^*。此外，由图 4 - 4 可知，在本章的算例设计中，当二级市场的销售价格 p_2 稳定在某一水平，一级市场的销售价格 p_1 在一定范围内升高时，零售商在一级市场和二级市场上的最优转化时机 t_1^* 会提前。

4.5 本章小结

本章主要讨论了在电影行业中，零售商（影片发行方）在一级市场和二级市场上的订购和销售策略。在电影行业中，影片的发行方会首先在一级市场上，也即在影院中放映影片，经过一段时间后以低于一级市场的销售价格在二级市场上以 DVD 租赁的形式进行销售。本章构建了上述问题的数学模型并回答了以下几个问题：零售商在二级市场上的最优供给量应是多少？零售商应该何时向二级市场提供商品？与已有的研究不同，本章考虑了电影行业中不同销售渠道在时间上的先后，并在一级市场和二级市场需求存在交互影响的情况下分析了零售商在二级市场上的最优供给量和市场间的最优转换时机决策。

面向一级市场和二级市场销售的零售商为同一主体，零售商在第一阶段决定一级市场和二级市场上的转换时机，在第二阶段决定在二级市场上的最优供给量。本章在一级市场和二级市场需求交互影响的模型下，分析了零售商的最优转换时机决策和最优供给量决策以及最优决策的相应性质。我们发现：①当给定零售商在一级市场和二级市场间的转换时间 t_1 时，可以求解出零售商在二级市场上对产品的最优供给量决策是关于 t_1 的线性表达。②零售商在二级市场上的最优供给量 q^* 与其在一级市场和二级市场间的转换时机 t_1 呈单调变化，q^* 为关于 t_1 的广义减函数。这是因为当给定一级市场与二级市场的转换时机 t_1 后，零售商的决策目标是最大化二级市场上的利润，转换时机延后，为最大化二级市场上的销售利润，最优供给量减少。③零售商在二级市场上的最优供给量 q^* 与消费者在二级市场上的需求率的衰减速度 l_1 和 l_2 分别呈单调变化，当二级市场上需求衰减速度高时，最优供给量减少。④零售商在一级市场和二级市场上销售的最优转换时机 t_1^* 为关于零售商在二级市场上获得单位产品的成本 ω 的广义增函数。当二级市场边际成本过高时，零售商会选择不开设二级市场。

本章的研究可以在以下三个方面进行拓展：①从实证角度进行进一步研究，收集我国电影行业的实际数据，考虑如广告投入、消费群体特征等其他因素对时机转换决策和二级市场供应量决策的影响。②考虑由第三方控制的二级市场对零售商和一级市场的影响。③考虑竞争环境下，存在寡头和垄断竞争的情况下，一级市场和二级市场间的协调机制。

5　存在策略型消费者的在线二级市场定价决策分析

【本章介绍】策略型消费者对供应链的影响越发凸显，基于此，本章研究了零售商和制造商在分散式供应链系统和集中式供应链系统中在一级市场和二级市场上的定价决策。在本章模型中，零售商在一级市场上面对的消费者为策略型顾客，在二级市场上面对的消费者为短视型顾客。本章分析了零售商与两级市场上消费者的博弈过程，分析了一级市场上策略型消费者和二级市场上短视型消费者的最优购买决策，并求解了零售商的最优定价决策。

5.1　研究背景与文献综述

5.1.1　案例介绍

随着互联网的日益发展，在电影行业中，发行方（也即电影行业零售商）在二级市场上用在线付费视频来进行销售的方式越来越普及。影片的发行方首先在一级市场上（也即影院中）放映电影，当影片在一级市场上下映之后，发行方在在线视频网站上将影片以一定价格通过“付费观看”的形式销售，或发行影片的 DVD 版并通过电子商务这一在线渠道在二级市场上进行销售。在现实生活中，很多电影在影院下线后，也即在一级市场上的销售结束后，会在二级市场上在线销售，如在优酷网、搜狐视频、迅雷网等视频网站上以付费观看的形式进行销售。或是当影片在一级市场上下映后，将影片的 DVD 版本在当当网、卓越网等在线购物平台上发行，实现影片的二级市场销售。此时，影片零售商在一级市场和二级市场上的产品定价对其收益起着至关重要的作用。同样，本章研究的模型可以应用于电影行业，但又不局限于电影行业，所以将在一级市场和二级市场上的销售主体统一称为零售企业。本章的研究内容在第4章研究的基础上考虑了一级市场上策略型消费者行为对于具有二级市场的供应链的影响。

据*Wall Street Journal*的相关报道（Merrick，2001），30年前，美国零售业的期末库存约占其销售总额的8%，而当今这一比例已升至20%，而且还有逐步上升的趋势。Asvanunt（2006）指出，因要处理期末库存而不断出现降价现象，导致越来越多的消费者开始变得"聪明"，他们会通过选择购买时机来实现自己的购买决策最优；他们的研究还指出，零售商也开始逐渐关注消费者的选择购买时机现象。这类"聪明的"消费者在文献中被称为策略型消费者。策略型消费者的概念提出是与短视型消费者相对应的。其中，短视型消费者是指在购买行为中仅仅考虑当前的支付意愿与产品价格，在到达市场时立即决定是否购买的一类消费者。策略型消费者（也称战略型消费者）区别于短视型消费者的特征主要表现在两个方面：第一，该类消费者具有战略眼光，会对未来可供购买的产品的定价、质量以及可获得性进行预期，从而选择合适的购买时机；第二，策略型消费者会与企业之间形成博弈关系。从以上的商业实践可以看出，策略型消费者对供应链运营的影响越发深远，企业在制定价格策略时应当考虑策略型消费者与短视型消费者的差异。

而随着电子商务和大规模数据分析技术的成熟，供需双方的信息变得越来越透明，消费者的策略性等待行为也为供应链中二级市场问题的研究带来了新的挑战。面对越来越具有策略性的消费者，企业的价格策略也越来越难以制定。Arndorfer（2004）在其文献中指出，电子产品销售商Best Buy对顾客的策略性行为表现出极大的反感，其首席执行官Anderson甚至称策略型顾客为"魔鬼"，并将短视型消费者称为"天使"。Best Buy通过实施客户关系管理软件以在顾客群体中区分出"天使"和"魔鬼"。除了Best Buy公司外，还有一些如Bloomingdale's、Ann Taylor、GAP、ZARA等公司也都意识到顾客的策略性等待行为会导致其收益降低，基于此现象，这些公司会使用价格优化软件来优化其在销售季节末期的定价决策。Rozhon（2004）的研究表明，当策略型消费者的购买行为越发普及时，会有越来越多的消费者等到产品降价时购买，这就会使零售商在售价较高的一级市场上面临损失。基于此，Scholsser（2005）在研究中指出，在现今经济环境下，零售商应在销售季节开始前就做好周密的价格调整安排。此外，信息技术的发展也为消费者提供了越来越多的决策支持工具，这些决策支持工具会给出消费者购买时机的建议。

基于以上分析，面对策略型消费者越来越普遍的现象，零售商在一级市场上和二级市场上实施动态定价犹如掌握了一把“双刃剑”。在一级市场和二级市场上的动态定价销售，一方面可以提高潜在的期望收益，但另一方面也不可避免地会引致消费者的策略性购买行为，这种策略行为对零售商的动态定价以及相关决策都会有较大的影响，而且忽略消费者策略行为可能引致收益的流失。因此，考虑零售商如何将消费者的策略性行为纳入到一级市场与二级市场上价格的决策范畴，实现零售商的收益管理的最大化，无论在理论界还是实务界，都显得十分必要。

5.1.2 文献回顾

目前，收益管理领域的研究大多侧重于制定最优定价和库存分配策略，如 Littlewood（1972）、A. P. Belobaba（1989）、Gallego 和 van Ryzin（1994）、Zhao 和 Zheng（2000）。有关动态定价的定量研究大都基于消费者为短视型的假设，在价格低于他们感知价值的预期值时就做出购买决策。但随着信息技术和电子商务的普及，消费者的策略性行为对动态定价模型的影响越发明显。其中，有关策略型消费者的研究最早出现在经济学产业组织理论中关于垄断企业价格歧视的研究中，主要针对耐用品展开。耐用品方面的研究综述参见 R. Waldman（2003）、C. Y. Orbach（2004）和牛筱颖（2005）。本节重点回顾与本章相关的研究。

与本章研究相关的文献主要集中于存在策略型消费者和无库存约束条件下的最优定价决策研究。这一类研究最早始于 Coase（1972），他认为即使是垄断厂商，在面临策略型消费者的等待行为时，也要采用边际成本定价方式。Stokey（1979）研究了在需求确定的情况下，耐用品的跨期差别定价问题，提出了单寡头垄断销售商面对策略型消费者时的最优连续时间定价途径，该文献通过将差别定价与固定价格策略进行比较，指出差别定价策略并不能增加销售商的收益。Landsberger 和 Meilijson（1985）考虑了当消费者和企业有不同的折扣因子时的简化的问题，他们发现，当消费者的时间折扣率高于销售商时，跨期差别定价优于单一价格。Moorthy（1988）的研究分析了厂商同策略型顾客的两阶段博弈，其研究的结论是厂商价格会随时间的推移而降低，而且低于面向短视型顾客时的定价。较完善的博弈证明过程始于 Besanko 和 Winston（1990），他们讨论了不同价格下的垄断厂商和愿意选择购买时机的策略型消费者之间的博弈关系，文中通过引入一个折扣因子，找到完美子博弈均衡，他们再将研究模型推广到任意阶段的情况，并求解得到子博弈完美纳什均衡，结果显示，若厂商将消费者的策略行为考虑到定价的过程中，会带来50%左右的利润提高。Praveen Kumar（2002）的研究结论显示，当消费者具有理性预期且存在二手市场时，即使厂商进行价格歧视与质量歧视，随着新产品质量提高，最优销售价格也不断下降。Nair（2007）在Besanko和Winston（1990）模型的基础上，研究了一个垄断销售商向一组异质性策略型消费者销售单一耐用品的多期问题，他建立了销售商与消费者间的博弈模型，得到了静态的马尔科夫完美均衡，他的文章基于美国电子游戏产品的实证研究，证明消费者的策略性行为会影响销售商的最优定价策略，当市场上策略型消费者数量巨大时，忽略消费者的策略性行为会导致销售商利润大幅下降。Anderson等（2003）发现，在航空收益管理定价决策中，如果顾客能够获取订票历史数据且是策略型，若航空公司仍然使用标准的收益管理定价方法（如EMSR），会导致收益显著下降。Levin等（2007）研究了存在策略型消费者和寡头竞争下的企业动态定价问题，作者建立了一个内在随机动态定价博弈模型，并证明存在唯一的子博弈完美纳什均衡（即最优均衡），并给出该均衡的实现条件，文中认为实现均衡可以给企业带来更多利润，且限制给消费者的信息可以给企业带来更多的收益。Aviv和Pazgal（2008）考虑了消费者在随机到达情形下的厂商动态定价问题，消费者效用是时间的确定性函数，消费者根据厂商不同阶段的定价来比较自己的剩余，从而确定自己的购买时机，在该文献中，作者将垄断厂商作为领导者（Stackelberg Leader）、策略型消费者作为跟随者（Follower），垄断厂商采用两种价格策略——动态最优定价策略和固定价格路径策略，作者证明在两种策略下都存在子博弈完美纳什均衡，在均衡中对给定的垄断厂商的价格策略，策略型消费者的策略是唯一的，作者还发现采用销售前声明折扣价格策略比动态的最优定价策略对垄断厂商更加有利。刘晓峰（2009）研究了需求确定和不确定两种情况下厂商同策略型消费者的Stackelberg博弈，厂商由此进行最优动态定价和库存的联合决策。

以上这些文献都是研究零售商面向单一策略型的消费者时的决策，且零售商或厂商的销售仅针对一个市场。与以往的研究相比，我们的研究将策略型消费者的行为考虑到零售商在一级市场和二级市场的销售定价决策中。零售商在一级市场和二级市场上是面向混合型消费者进行销售的，其在一级市场上面向策略型消费者进行销售，而二级市场内的消费者为短视型消费者。

在本章的研究问题中，主要分析零售商与一级市场和二级市场上的消费者之间的博弈，主要方法是Stackelberg博弈模型。本章在考虑策略型消费者的购买行为的情境下，采用零售商主导的 Stackelberg 博弈模型，将传统二级市场扩展到电子商务渠道，研究存在策略型消费者由一级市场向在线二级市场转移时，零售商分别在两级市场上的销售价格决策。本章的其余部分组织如下：第二部分是问题描述和模型构建，第三部分对模型进行了求解和分析，第四部分总结了本章的发现、研究贡献和进一步研究的方向。

5.2 问题描述和模型构建

5.2.1 问题描述

在本章的研究问题中，市场上存在垄断零售企业。垄断零售企业在一级市场和在线二级市场上销售，其在一级市场和二级市场上都面临着确定性需求。在有关策略型消费者的研究中，确定性需求的假设被普遍采用（Q. Liu 和 van Ryzin，2006；A. K. Parlaktürk，2012）。一级市场和二级市场上的客户类型不同，一级市场上的消费者为具有等待行为的策略型消费者且在一级市场销售期开始前就全部到达，二级市场上的消费者为短视型消费者且在二级市场销售期开始前就全部到达。因为二级市场采用电子商务这一在线渠道开设，所以一级市场上的消费者可以到达在线二级市场实现购买，但因为一级市场和二级市场存在地域间隔，所以二级市场上的消费者不能实现在一级市场上购买。以上构建能够较好地拟合实际情况，在现实中一级市场多位于北京、上海、厦门等一、二线城市，而二级市场多位于经济欠发达的三线城市或较为偏远的地区，两级市场之间存在地域间隔。因为地域间隔以及一级市场采用实体店这一传统渠道，位于二级市场内的消费者不能在一级市场开设期间到达一级市场，自然不会在一级市场内实现购买，因而自然为短视型消费者。而二级市场是通过电子商务渠道开设的，在在线二级市场上，一级市场内消费者可以在线访问二级市场，并做出是否购买产品的决策，因一级市场上的消费者会预期其未来在在线二级市场上的效用，并存在等待行为，基于此，一级市场上的消费者为策略型消费者。

我们引用 Cachon 和 Swinney（2009b）关于消费者策略行为的描述来表达本章的研究问题。短视型消费者指的是其决策只有购买或者离开市场，只要当期购买的消费者剩余非负，短视型消费者就会立即购买，这类消费者不会预期价格的动态性因此保留消费者剩余为零。与短视型消费者不同，策略型消费者会决策自己的购买时机，其会预期未来的价格及库存，比较在当期价格购买与延迟购买的期望消费者剩余，选择使自己消费者剩余最大的购买时机来实施购买决策。若以 p 表示产品售价，v 表示消费者的支付意愿，消费者剩余为 $m = v - p$，则短视型消费者的购买条件是当 $v \geqslant p$ 时即选择购买，而策略型消费者的购买条件是最大化消费者剩余 $\max\{m\}$。具体而言，在本章中，当一级市场上的策略型消费者在销售季节初期到达一级市场后，会比较在一级市场上购买产品的消费者剩余和等待到在线二级市场上购买产品的消费者剩余，选择最大化自己效用的购买决策。若一级市场上的策略型消费者选择在一级市场上立即购买产品，则会彻底离开市场，不会访问在线二级市场；若一级市场上的消费者选择等待，则会在电子商务二级市场开设后，访问在线二级市场，并做出是否购买的决策。二级市场内的短视型消费者到达在线二级市场后，会比较消费者剩余是否大于 0，然后做出购买和离开的决策。一级市场和在线二级市场上消费者行为的决策树如图 5－1 所示。

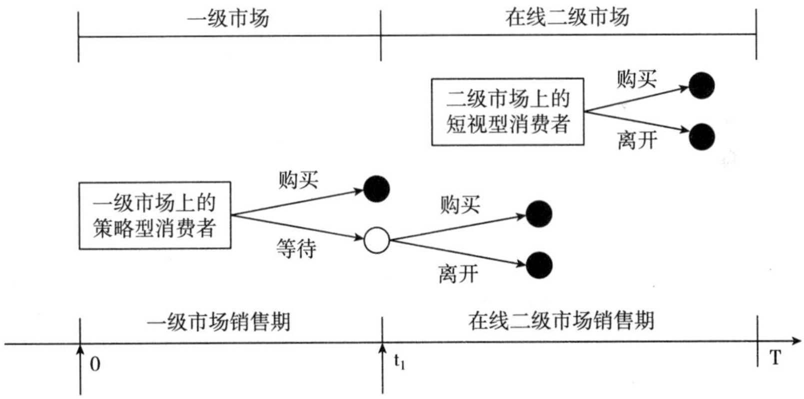

图 5－1 一级市场和在线二级市场的消费者购买行为决策树

由图 5－1 可知，一级市场上策略型消费者购买产品的目标是消费者剩余最大化，因此会决策是在一级市场上购买还是在在线二级市场上购买，而二级市场上的短视型消费者只要对产品的感知价值高于销售价格就会立即购买。

在对本章模型中的消费者行为进行刻画之后，我们分别考虑了在集中供应链管理系统和分散供应链管理系统中，零售商在两级市场上的销售价格决策 p_1 和 p_2。其中，在分散式供应链系统中，一级市场和二级市场分属两个不同的零售商主体，一级市场上的零售商以自身在一级市场上的收益最大化为目标，决策产品在一级市场上的销售价格 p_1，二级市场上的零售商以自身在二级市场上的收益最大化为目标，决策产品在在线二级市场上的销售价格 p_2，分散式供应链的决策框架结构如图 5－2 所示。

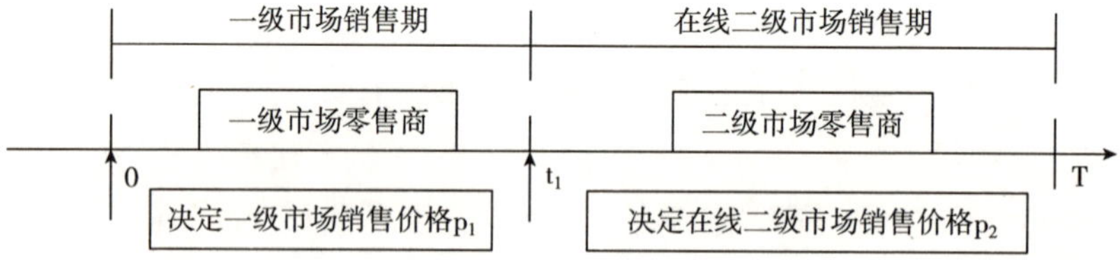

图 5－2　分散式供应链环境下零售商在一级市场和在线二级市场的决策行为

在集中式供应链系统中，一级市场和二级市场属于同一零售企业，其以自身在一级市场和二级市场上的收益总和最大化为目标，决策产品在一级市场的销售价格 p_1 和在线二级市场的销售价格 p_2，集中式供应链的决策框架结构如图 5－3 所示。

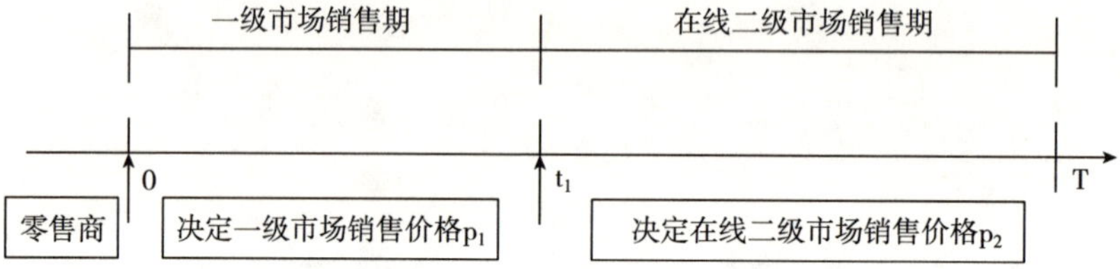

图 5－3　集中式供应链环境下零售商在一级市场和在线二级市场的决策行为

5.2.2　模型假设及构建

本章的模型构建基于以下假设：

（1）零售企业处于垄断地位。

（2）零售企业在一级市场上的销售价格为 p_1，在二级市场上的销售价格为 p_2，有 $p_1 > p_2 > 0$。

（3）一级市场的市场规模为 a，二级市场的市场规模为 b。

（4）一级市场和二级市场上的消费者与零售商之间为完全信息。

（5）每个消费者至多只能购买一单位产品，即在一级市场上实现购买的策略型消费者会立即离开市场，不会在二级市场上进行重复购买。

（6）一级市场上的策略型消费者对产品的感知价值是同质的，且二级市场内的短视型消费者对产品的感知价值也是同质的。

表 5－1 所示为本章所涉及的模型参数。

表 5－1　模型参数

符号	代表的含义
p_1	零售商在一级市场上的销售价格
p_2	零售商在二级市场上的销售价格
U_{1A}	一级市场上的消费者对一级市场上销售的单位产品的感知价值
U_{2A}	一级市场上的消费者对二级市场上销售的单位产品的感知价值
U_{2B}	二级市场上的消费者对二级市场上销售的单位产品的感知价值
α	一级市场上的策略型消费者对产品感知价值的折扣因子
a	一级市场的市场规模
b	二级市场的市场规模
$F(x)$	U_{1A}的分布函数
$f(x)$	U_{1A}的概率密度函数
$G(x)$	U_{2B}的分布函数
$g(x)$	U_{2B}的概率密度函数
γ	一级市场上的消费者对二级市场购买获得产品概率的理性预期
D_1	零售商在一级市场上面临的需求
D_2	零售商在二级市场上面临的需求
Q_1	零售商在一级市场上的订货量
Q_2	零售商在二级市场上的订货量
Π_0	零售商在一级市场和二级市场上的总收益
Π_1	零售商在一级市场上的收益
Π_2	零售商在二级市场上的收益

在本章模型中，一级市场上的消费者为策略型消费者。这类消费者人群既可以在一级市场上实现购买，也可以在在线二级市场开设后在二级市场上实现购买行为。一级市场上的消费者对一级市场上销售的单位产品的感知价值为 U_{1A}，U_{1A} 的分布函数服从 $F(x)$，其概率密度函数为 $f(x)$。一级市场上的消费者对于在在

线二级市场上销售的单位产品感知价值为 U_{2A}，有 $U_{2A}=\alpha \cdot U_{1A}$，这是因为一级市场和二级市场存在时间的先后顺序，一级市场上的消费者对未来通过在线二级市场购买到的产品的感知价值与其在一级市场上购买产品获得的感知价值相比，存在折扣因子 α，$0<\alpha<1$。α 为消费者对产品感知价值的折扣因子，也称为消费者策略性程度。折扣因子广泛存在于易逝品的价值评价模型中。对于 U_{iA}，$i=1, 2$，A 代表消费者的类型为策略型消费者，i 的不同取值代表策略型消费者访问的是一级市场还是二级市场。一级市场上的策略型消费者根据自身对产品感知价值的估计 $U_{iA}(i=1, 2)$、一级市场上销售价格 p_1、二级市场上销售价格 p_2 和产品未来在在线二级市场可得性的预期，将其在一级市场和在线二级市场可以获得的效用进行对比，以最大化消费者剩余为决策目标，制定购买决策。

一级市场上的策略型消费者的决策流程为：一级市场上消费者对一级市场上产品的感知价值为 U_{1A}，因为一级市场上的消费者为策略型消费者，会预期到在在线二级市场上产品的销售价格为 p_2。因此，一级市场上的策略型消费者会比较其在一级市场上购买的消费者剩余 $U_{1A}-p_1$ 和在在线二级市场上购买的消费者剩余 $\gamma(\alpha U_{1A}-p_2)$。其中，γ 为一级市场上的策略型消费者关于在在线二级市场上购买能获得产品概率的理性预期（Rational Expectations，RE）（F. Muth，1961）；Stokey，1981；Bulow，1982。基于本章研究的实际背景，二级市场上的产品的生产成本极低，所以认为消费者在二级市场上对产品的可得性为 1。所以，当且仅当 $U_{1A}-p_1\geqslant\alpha U_{1A}-p_2$ 且 $U_{1A}-p_1\geqslant 0$ 时才会选择在一级市场上购买产品，否则选择等待；并在在线二级市场开设后，比较其在二级市场对产品的感知价值 U_{2A} 和二级市场产品销售价格 p_2，决策购买还是永远离开二级市场。

二级市场上的消费者为短视型消费者。这类消费者人群只能实现在二级市场上的购买行为。二级市场上的短视型消费者仅决定是否在二级市场上购买产品。二级市场上的消费者对在线二级市场上销售的单位产品的感知价值为 U_{2B}，U_{2B} 的分布函数服从 $G(x)$，其概率密度函数服从 $g(x)$。对于 U_{2B}，其中 B 代表消费者的类型为短视型消费者，数字 2 代表该类消费者只能访问在线二级市场，无法到达一级市场。二级市场上短视型消费者的决策流程为：二级市场上的短视型消费者在到达在线二级市场后，比较 U_{2B} 和二级市场上销售价格 p_2 的大小，只要在线二级市场上消费者剩余价值 $U_{2B}-p_2>0$，二级市场上短视型消费者就会立即购买，否则离开二级市场。

根据消费者决策准则的不同，将一级市场和二级市场上的全部消费者称为混合型消费者，也即零售商面对的混合型消费者由策略型消费者和非策略型消费者两类消费者构成。基于本章的现实研究背景，可知一级市场和二级市场上销售的产品不完全相同，存在一定替代性和相关性，如电影和 DVD，所以零售商会在一级市场和二级市场上分别制定销售价格 p_1 和 p_2。具体而言，零售商在一级市场上做出一级市场销售价格 p_1 的最优决策，并在在线二级市场开设后，做出一级市场销售价格 p_2 的最优决策。且因在线二级市场上产品的生产制造成本较低，所以我们在本章的模型中不考虑在线二级市场存在缺货的情况。

基于以上分析，我们可知一级市场上的策略型消费者、二级市场上的短视型消费者以及面向一级市场和二级市场销售的零售商三者之间博弈和决策过程如下：①一级市场上策略型消费者的决策过程为：基于理性预期假设，一级市场上的策略型消费者根据一级市场上的销售价格 p_1、产品未来在二级市场上的销售价格 p_2 及对其在在线二级市场上产品可得性的预期，以自身消费者剩余最大化为决策目标，决策是当期购买还是延迟到在线二级市场上购买。并在到达二级市场后决策是否购买。②二级市场上的短视型消费者比较产品在二级市场上的销售价格 p_2 和其效用函数，以自身消费者剩余最大化为决策目标，决定是在二级市场上购买还是永远离开市场。③零售商根据其对一级市场和二级市场上消费者最优策略的预期，以自身收益最大化为目标，确定产品在一级市场和二级市场上销售的价格和订购策略。

5.3 模型求解和分析

5.3.1 一级市场和二级市场上的消费者需求分析

5.3.1.1 一级市场上策略型消费者需求分析

首先，我们对一级市场上的策略型消费者，也即 A 类消费者的需求进行分析。

对于第 j 个 A 类消费者，$j \in A$，当其满足下列条件时，会在在线二级市场上实现购买：

$$\begin{cases} U_{2A}^{(j)} - p_2 \geqslant U_{1A}^{(j)} - p_1 \\ U_{2A}^{(j)} - p_2 \geqslant 0 \end{cases} \tag{5-1}$$

当 $U_{2A}^{(j)} - p_2 = U_{1A}^{(j)} - p_1$ 时，一级市场上的策略型消费者在一级市场上购买和等待在在线二级市场购买的消费者剩余无差异，此时，策略型消费者感知价值的临界值为 $U_{1A}^*=\dfrac{p_1-p_2}{1-\alpha}$。当 $U_{2A}^{(j)}-p_2>U_{1A}^{(j)}-p_1$ 时，即当 $U_{1A}<\dfrac{p_1-p_2}{1-\alpha}$时，一级市场上的策略型消费者会选择等待到二级市场上再决策是否购买。当 $U_{2A}^{(j)}-p_2<U_{1A}^{(j)}-p_1$ 时，即当 $U_{1A}>\dfrac{p_1-p_2}{1-\alpha}$时，一级市场上的策略型消费者会选择当期在一级市场上购买。

至此，有命题1。

命题1　当一级市场上策略型消费者的感知价值 U_{1A}等于临界值 U_{1A}^*时，其中 $U_{1A}^*=\dfrac{p_1-p_2}{1-\alpha}$，消费者选择在一级市场上购买或在二级市场上购买无差异；当一级市场上的策略型消费者感知价值 $U_{1A}>U_{1A}^*$时，会选择当期在一级市场上购买；当一级市场上的策略型消费者感知价值 $U_{1A}<U_{1A}^*$时，会选择等待到二级市场上再做出购买决策。

因为已知 $U_{1A}^{(j)}$的分布函数和概率密度函数分别服从 $F(x)$和 $f(x)$，且 $U_{2A}^{(j)}=\alpha\cdot U_{1A}^{(j)}$。所以 A 类消费者在二级市场上的需求为：

$$D_2^{(A)}=a\cdot\left[F\left(\frac{p_1-p_2}{1-\alpha}\right)-F\left(\frac{p_2}{\alpha}\right)\right]^+ \tag{5-2}$$

其中，$[x]^+=\max\{x,\ 0\}$，x 为任意表达式。

对于第 j 个 A 类消费者，$j\in A$，当其满足下列条件时，会在一级市场上实现购买：

$$\begin{cases}U_{2A}^{(j)}-p_2\leqslant U_{1A}^{(j)}-p_1\\ U_{1A}^{(j)}-p_1\geqslant 0\end{cases} \tag{5-3}$$

进而可得出，A 类消费者在一级市场上的需求为：

$$D_1^{(A)}=a\cdot\overline{F}\left(\max\left\{\frac{p_1-p_2}{1-\alpha},\ p_1\right\}\right) \tag{5-4}$$

5.3.1.2　二级市场上短视型消费者需求分析

接下来，我们对二级市场上的短视型消费者，也即 B 类消费者的需求进行分析。

对于第 i 个 B 类消费者，$i\in B$，其仅在 $U_{2B}^{(i)}-p_2\geqslant 0$ 的情况下才会选择在二级市场上购买产品。又已知 $U_{2B}^{(i)}$ 的分布函数和概率密度函数分别服从 $G(x)$和 $g(x)$，所以二级市场上的短视型消费者在在线二级市场上的需求 $D_2^{(B)}$ 为：

$$D_2^{(B)}=b\cdot \Pr[U_{2B}^{(i)}-p_2\geqslant 0]=b\cdot \overline{G}(p_2) \tag{5-5}$$

已知定义 D_2 为零售商在二级市场上面临的总需求，有 $D_2=D_2^{(A)}+D_2^{(B)}$。

根据以上分析，我们可知，零售商在一级市场上面临的需求 D_1 和在二级市场上面临的需求 D_2 分别如下：

$$\begin{cases} D_1=D_1^{(A)}=a\cdot \overline{F}\left(\max\left\{\dfrac{p_1-p_2}{1-\alpha},\ p_1\right\}\right) \\ D_2=D_2^{(A)}+D_2^{(B)}=a\cdot\left[F\left(\dfrac{p_1-p_2}{1-\alpha}\right)-F\left(\dfrac{p_2}{\alpha}\right)\right]^{+}+b\cdot \overline{G}(p_2) \end{cases} \tag{5-6}$$

据此，有命题2。

命题2　当一级市场上策略型消费者的感知价值服从 F(x) 分布，二级市场上短视型消费者的感知价值服从 G(x) 分布时，零售商在一级市场上面对的期望需求为 $a\cdot \overline{F}\left(\max\left\{\dfrac{p_1-p_2}{1-\alpha},\ p_1\right\}\right)$，在二级市场上面对的期望需求为 $a\cdot\left[F\left(\dfrac{p_1-p_2}{1-\alpha}\right)-F\left(\dfrac{p_2}{\alpha}\right)\right]^{+}+b\cdot \overline{G}(p_2)$。其中，a 和 b 分别为一级市场上和二级市场上消费者群体的规模。

由命题2可知，当消费者与零售商之间的信息为完全共享时，一级市场上和二级市场上的消费者会根据对零售商在一级市场上和二级市场上销售价格 p_1 和 p_2 的预期做出购买决策，进而零售商可以根据对消费者购买决策的预期，得知自己在一级市场上和二级市场上面对的期望需求 D_1 和 D_2。D_1 和 D_2 依赖于零售商自身在一级市场上和二级市场上的销售价格 p_1 和 p_2，且与两级市场上消费者感知价值服从的分布函数 F(x) 和 G(x) 有关。我们在下文给出 F(x) 和 G(x) 的具体函数形式后，对命题2进一步地展开分析。

根据本章模型的实际构建，令 F(x) 为 [0, 2] 上的均匀分布，G(x) 表示 [0, 1] 上的均匀分布，将 F(x) 和 G(x) 的具体分布形式代入命题2，可得零售商在一级市场和二级市场期望需求的具体形式。至此，有引理1。

引理1　当一级市场上策略型消费者的感知价值服从的 F(x) 分布为 [0, 2] 上的均匀分布，二级市场上短视型消费者的感知价值服从的 G(x) 分布为 [0, 1] 上的均匀分布时，根据命题2，零售商在一级市场和二级市场期望需求的具体形式为：

（1）当 $\alpha p_1\geqslant p_2$ 时，零售商在一级市场上面临的需求 D_1 和在二级市场面临

的需求 D_2 分别为$\begin{cases} D_1 = \dfrac{a(p_1 - p_2)}{2 - 2\alpha}, \ \alpha p_1 \geqslant p_2 \\ D_2 = \dfrac{a(\alpha p_1 - p_2)}{\alpha(2 - 2\alpha)} + b(1 - p_2), \ \alpha p_1 \geqslant p_2 \end{cases}$。

（2）当 $\alpha p_1 < p_2$ 时，零售商在一级市场上面临的需求 D_1 和在二级市场面临的需求 D_2 分别为$\begin{cases} D_1 = \dfrac{ap_1}{2}, \ \alpha p_1 < p_2 \\ D_2 = b(1 - p_2), \ \alpha p_1 < p_2 \end{cases}$。

其中，引理 1 是本章中后两小节模型计算的基础。

5.3.2 分散式供应链结构下零售商的销售决策分析

在分散式供应链结构下，一级市场和在线二级市场上的零售商为两个不同主体。在第一阶段，一级市场上的零售商在销售季节初期决定价格 p_1，一级市场上的策略型消费者根据 p_1 及预期的 p_2 做出响应，一级市场上的零售商据此以一级市场收益最大化为目标制定其在一级市场销售价格决策 p_1。在第二阶段，也即当一级市场结束销售后，二级市场上的零售商在二级市场销售初始阶段，以二级市场上销售收益最大化为目标制定其在二级市场上的销售价格决策 p_2。

我们采用逆推法来分析一级市场和二级市场上各自的零售商的最优定价决策。首先求解分析在第二阶段零售商在在线二级市场上的定价决策 p_2，进而分析在第一阶段零售商在一级市场上的定价决策 p_1。

5.3.2.1 分散式供应链结构下零售商在二级市场上的定价决策分析

对于在线二级市场的销售主体零售商来讲，在此阶段，一级市场上产品的销售价格 p_1 已知，其在在线二级市场上需要做关于二级市场销售价格 p_2 的定价决策。在线二级市场上的零售商的期望收益不仅取决于其在二级市场上的销售价格 p_2，还与零售商在一级市场上的销售价格 p_1 以及两级市场上消费者的感知价值函数有关。在线二级市场上的零售商的收益函数为：

$$\Pi_2 = p_2 \cdot \min\{D_2, \ Q_2\} \tag{5-7}$$

此时，零售商已预期到在在线二级市场上的期望需求为 D_2，将式（5-6）代入式（5-7），有：

$$\Pi_2 = p_2 \cdot \min\left\{a \cdot \left[F\left(\frac{p_1 - p_2}{1 - \alpha}\right) - F\left(\frac{p_2}{\alpha}\right)\right]^+ + b \cdot \bar{G}(p_2), \ Q_2\right\} \tag{5-8}$$

基于实际背景，二级市场上不会出现供不应求的情况。此外，在在线二级市场上零售商可以预期到其在二级市场上面临的期望需求，所以对于二级市场上的零售商来讲，其在二级市场上的最优订购量等于 D_2，也即如上一节中所述，策略型消费者在二级市场的可得性概率 $\gamma = 1$。基于此，将式（5－8）转换为式（5－9）：

$$\Pi_2 = p_2 \cdot \left(a \cdot \left[F\left(\frac{p_1 - p_2}{1-\alpha}\right) - F\left(\frac{p_2}{\alpha}\right) \right]^+ + b \cdot \bar{G}(p_2) \right) \tag{5-9}$$

根据引理1，在 $F(x)$ 为 $[0,\ 2]$ 上的均匀分布，$G(x)$ 为 $[0,\ 1]$ 上的均匀分布的具体构建中，式（5－9）的具体形式为：

$$\Pi_2 = \begin{cases} p_2\left[\dfrac{a(\alpha p_1 - p_2)}{\alpha(2-2\alpha)} + b(1-p_2)\right],\ \alpha p_1 \geqslant p_2 \\ b \cdot p_2(1-p_2),\ \alpha p_1 < p_2 \end{cases} \tag{5-10}$$

首先分析 $\alpha p_1 < p_2$ 的情景，对式（5－10）求导，当 $\alpha p_1 < p_2$ 时，得：

$$\frac{d\Pi_2(p_2)}{dp_2} = b \cdot (1 - 2p_2) \tag{5-11}$$

令式（5－11）一阶条件为0，有 $p_2^*(p_1) = \dfrac{1}{2}$。在这种情况下，零售商在一级市场上的收益函数为 $\Pi_1(p_1) = ap_1\bar{F}(p_1) = ap_1(1-p_1)$，对收益函数关于 p_1 求一阶导，有 $\dfrac{d\Pi_1(p_1)}{dp_1} = ap_1(1-p_1)$，令一阶条件为零，可得 $p_1^* = \dfrac{1}{2}$，与本章一级市场的销售价格大于二级市场销售价格，也即 $p_1 > p_2$ 的假设矛盾。所以，在本节的分析中，我们不考虑此种情形的存在，在下一节的分析中，当 $\alpha p_1 < p_2$ 时，情况相同，此处不再赘述。

基于以上分析，本章的分析集中在 $\alpha p_1 \geqslant p_2$ 的情况下。当 $\alpha p_1 \geqslant p_2$ 时，对式（5－10）求导，当 $\alpha p_1 \geqslant p_2$ 时，得：

$$\frac{d\Pi_2(p_2)}{dp_2} = \frac{a}{2} \cdot \left(\frac{p_1 - p_2}{1-\alpha} - \frac{p_2}{\alpha}\right) + (1-p_2)b - p_2 \cdot \frac{a}{2} \cdot \left(\frac{1}{1-\alpha} + \frac{1}{\alpha}\right) - p_2 b \tag{5-12}$$

令式（5－12）为零，求解 $p_2^*(p_1)$：

$$p_2^*(p_1) = \frac{\alpha \cdot a \cdot p_1 + 2\alpha(1-\alpha)}{2a + 4b\alpha - 4b\alpha^2} \tag{5-13}$$

据此，有命题3。

命题3　当给定一级市场上零售商的销售价格 p_1 时，二级市场上零售商对产品的最优销售价格为 $p_2^*(p_1)=\dfrac{\alpha\cdot ap_1+2b\cdot\alpha(1-\alpha)}{2a+4b\alpha-4b\alpha^2}$。当其他经济参数不变时，$p_2^*$ 关于一级市场上的销售价格 p_1 存在单调关系，p_2^* 为 p_1 的广义增函数。

由命题3可知，当一级市场上零售商的销售价格 p_1 已知，且其他经济参数不变时，随着一级市场上零售商的销售价格 p_1 的增长，二级市场上销售的最优价格决策 p_2^* 也会增加。这一现象较为直观，因为在分散式供应链结构下，一级市场和二级市场分属于两个不同的零售商，当一级市场的销售价格 p_1 较高时，在一级市场上会有更多的感知价值高的策略型消费者选择等待在二级市场上购买。此时，二级市场内的零售商提高二级市场上销售价格 p_2，一级市场上选择等待的策略型消费者购买带来的收益会大于二级市场上短视型消费者需求减少的收益，所以 p_1 增加时，二级市场上的零售商会提高其在二级市场上的销售价格 p_2^*，以最大化收益。

在已知在线二级市场上零售商的最优销售价格 $p_2^*(p_1)$ 后，我们将分析在线二级市场上零售商的最优订购数量。因为零售商是理性决策者，所以在预期到二级市场的期望需求后，其最优订购数量等于二级市场需求。

$$Q_2^*=D_2=D_2^{(A)}+D_2^{(B)}=\frac{a}{2}\left(\frac{p_1-p_2}{1-\alpha}-\frac{p_2}{\alpha}\right)+b(1-p_2) \tag{5-14}$$

将 $p_2^*(p_1)=\dfrac{\alpha\cdot ap_1+2b\cdot\alpha(1-\alpha)}{2a+4b\cdot\alpha(1-\alpha)}$代入式（5-14），有：

$$Q_2^*(p_1)=\frac{ap_1+2b(1-\alpha)}{4(1-\alpha)} \tag{5-15}$$

将式（5-13）和式（5-15）代入式（5-9），可以求出在线二级市场上的零售商的最优收益为：

$$\Pi_2^*(p_1)=\frac{(2b\alpha-2b-ap_1)(2b\alpha^2-2b\alpha-ap_1\alpha)}{4(1-\alpha)(2a+4b\alpha-4b\alpha^2)} \tag{5-16}$$

至此有引理2。

引理2　在分散式供应链结构下，当一级市场上零售商的销售价格为 p_1 时，在二级市场上销售的零售商的最优定价决策为 $p_2^*(p_1)=\dfrac{\alpha\cdot ap_1+2b\cdot\alpha(1-\alpha)}{2a+4b\alpha-4b\alpha^2}$，零售商在在线二级市场的最优订购量为 $Q_2^*(p_1)=\dfrac{ap_1+2b(1-\alpha)}{4(1-\alpha)}$，零售商在二级市场的最优收益为 $\Pi_2^*(p_1)=\dfrac{(2b\alpha-2b-ap_1)(2b\alpha^2-2b\alpha-ap_1\alpha)}{4(1-\alpha)(2a+4b\alpha-4b\alpha^2)}$。

5.3.2.2 分散式供应链结构下零售商在一级市场上的定价决策分析

一级市场上的零售商会预期到二级市场上销售的零售商的最优价格决策 p_2^* 是关于其在一级市场内销售价格 p_1 的最优反应函数。因本节中研究的供应链为分散式结构，即一级市场和二级市场上的零售商分属于不同主体，所以一级市场上的零售商仅最优化其在一级市场上的收益，使 Π_1 最大化。其中，零售商在一级市场上的收益函数为：

$$\Pi_1 = p_1 \cdot \min\{D_1, Q_1\} \tag{5-17}$$

因为零售商会预期到一级市场上的策略型消费者在一级市场上的期望需求，所以其最优订购数量 $Q_1^* = D_1$。已知 $D_1 = D_1^{(A)} = a \cdot \overline{F}\left(\max\left\{\frac{p_1 - p_2}{1-\alpha}, p_1\right\}\right)$和二级市场上零售商的最优价格决策 $p_2^*(p_1) = \frac{\alpha \cdot ap_1 + 2b \cdot \alpha(1-\alpha)}{2a + 4b\alpha - 4b\alpha^2}$，所以零售商在一级市场上的收益函数变为：

$$\Pi_1(p_1) = p_1 \cdot D_1 = ap_1 \overline{F}\left(\max\left\{\frac{p_1 - p_2}{1-\alpha}, p_1\right\}\right) \tag{5-18}$$

因为已知无论是一级市场上还是在线二级市场上的零售商在预期消费者的决策之后，都会知道其在各自市场上的需求期望，所以会根据期望需求制定其最优订购决策，也即 $Q_2^* = D_2$。又已令 F 表示［0，2］上的均匀分布，G 表示［0，1］上的均匀分布。从上文的分析可知，当 $p_1 < \frac{p_2}{\alpha}$时，与本章假设矛盾，所以我们在本章中不考虑此情形。所以式（5－18）简化，并将 F 表示［0，2］上的均匀分布代入，有：

$$\Pi_1(p_1) = p_1 \cdot D_1 = ap_1 \overline{F}\left(\frac{p_1 - p_2}{1-\alpha}\right) = ap_1\left(1 - \frac{p_1 - p_2}{2-2\alpha}\right) \tag{5-19}$$

对式（5－19）关于 p_1 求一阶导，有：

$$\frac{d\Pi_1(p_1)}{dp_1} = a\left[1 - \frac{p_1 - \dfrac{ap_1\alpha + 2b\alpha(1-\alpha)}{2a + 4b\alpha(1-\alpha)}}{2(1-\alpha)}\right] + \frac{ap_1}{2(1-\alpha)}\left(\frac{a\alpha}{2a + 4b\alpha - 4b\alpha^2} - 1\right) \tag{5-20}$$

令一阶条件式（5－20）为0，有：

$$p_1^* = \frac{(1-\alpha)(5\alpha b + 2a - 4\alpha^2 b)}{4\alpha b(1-\alpha) + a(2-\alpha)} \tag{5-21}$$

在已知一级市场上零售商的最优销售价格 p_1^* 后，我们将分析零售商在一级市场上的最优订购量 Q_1^*，将式（5－21）代入 $Q_1^* = D_1$ 中，有：

$$Q_1^* = D_1 = a\,\overline{F}\left(\frac{p_1 - p_2}{1-\alpha}\right) = \frac{2a^2 + ba(5\alpha - 4\alpha^2)}{4a + 8b\alpha - 8b\alpha^2} \tag{5-22}$$

据此，可得一级市场上零售商的最优收益为：

$$\Pi_1^* = p_1^* \cdot Q_1^* = \left[\frac{(1-\alpha)\ (5\alpha b + 2a - 4\alpha^2 b)}{4\alpha b\ (1-\alpha)\ + a\ (2-\alpha)}\right] \cdot \left[\frac{2a^2 + ba\ (5\alpha - 4\alpha^2)}{4a + 8b\alpha - 8b\alpha^2}\right] \tag{5-23}$$

至此，有命题4。

命题4　在分散式供应链结构下，在一级市场上销售的零售商的最优定价决策为 $p_1^* = \frac{(1-\alpha)(5\alpha b + 2a - 4\alpha^2 b)}{4\alpha b(1-\alpha) + a(2-\alpha)}$，在此最优定价决策下，零售商在一级市场上的最优供给量为 $Q_1^* = \frac{2a^2 + ba(5\alpha - 4\alpha^2)}{4a + 8b\alpha - 8b\alpha^2}$，其最优收益为 $\Pi_1^* = \left[\frac{2a(1-\alpha) + 5b\alpha - 9b\alpha^2 + 4b\alpha^3}{2a(1-\alpha) + 4b\alpha - 4b\alpha^2} - c_1\right]\left[\frac{2a^2 + ba(5\alpha - 4\alpha^2)}{4a + 8b\alpha - 8b\alpha^2}\right]$。

将式（5－21）代入引理2中的最优反应函数 $p_2^*(p_1)$、$Q_2^*(p_1)$ 和 $\Pi_2^*(p_1)$ 中，分别得：

$$p_2^* = \frac{\alpha(16\alpha^2b^2 - 8\alpha b^2 - 4ba + b\alpha a - 8\alpha^3b^2 + 7\alpha^2ba - 2a^2 + 2\alpha a^2 - 4a\alpha^3 b)}{2(4\alpha^2 b - 4\alpha b - 2a + \alpha a)(2\alpha b + a - 2\alpha^2 b)}$$

$$Q_2^* = \frac{(1-\alpha)(16\alpha^2b^2 - 8\alpha b^2 - 4ba + b\alpha a - 8\alpha^3b^2 + 7\alpha^2ba - 2a^2 + 2\alpha a^2 - 4a\alpha^3 b)}{4(4\alpha^2 b - 4\alpha b - 2a + \alpha a)}$$

$$\Pi_2^*(p_1) = \frac{\alpha(1-\alpha)(16\alpha^2b^2 - 8\alpha b^2 - 4ba + b\alpha a - 8\alpha^3b^2 + 7\alpha^2ba - 2a^2 + 2\alpha a^2 - 4a\alpha^3 b)^2}{8(4\alpha^2 b - 4\alpha b - 2a + \alpha a)^2(2\alpha b + a - 2\alpha^2 b)}$$

至此，有命题5。

命题5　在分散式供应链结构下，在二级市场上销售的零售商的最优定价决策为 $p_2^* = \frac{\alpha(16\alpha^2b^2 - 8\alpha b^2 - 4ba + b\alpha a - 8\alpha^3b^2 + 7\alpha^2ba - 2a^2 + 2\alpha a^2 - 4a\alpha^3 b)}{2(4\alpha^2 b - 4\alpha b - 2a + \alpha a)(2\alpha b + a - 2\alpha^2 b)}$，零售商在在线二级市场的最优订购量为 $Q_2^* = \frac{(1-\alpha)(16\alpha^2b^2 - 8\alpha b^2 - 4ba + b\alpha a - 8\alpha^3b^2 + 7\alpha^2ba - 2a^2 + 2\alpha a^2 - 4a\alpha^3 b)}{4(4\alpha^2 b - 4\alpha b - 2a + \alpha a)}$，且零售商的最优收益为 $\Pi_2^*(p_1) = \frac{\alpha(1-\alpha)(16\alpha^2b^2 - 8\alpha b^2 - 4ba + b\alpha a - 8\alpha^3b^2 + 7\alpha^2ba - 2a^2 + 2\alpha a^2 - 4a\alpha^3 b)^2}{8(4\alpha^2 b - 4\alpha b - 2a + \alpha a)^2(2\alpha b + a - 2\alpha^2 b)}$。

将命题4和命题5中一级市场上和二级市场上零售商的最优销售价格 p_1^* 和

p_2^* 的表达式代入命题 1，可得引理 3。

引理 3 在分散式供应链结构下，当一级市场上策略型消费者的感知价值 U_{1A} 等于临界值 U_{1A}^* 时，消费者选择在一级市场上购买或在二级市场上购买无差异。当一级市场上的策略型消费者感知价值 $U_{1A} > U_{1A}^*$ 时，会选择当期在一级市场上购买；当一级市场上的策略型消费者感知价值 $U_{1A} < U_{1A}^*$ 时，会选择等待到二级市场上再做出购买决策。其中，$U_{1A}^* = \frac{p_1^* - p_2^*}{1-\alpha}$，有 $p_1^* = \frac{(1-\alpha)(4\alpha^2 b - 5\alpha b - 2a)}{4\alpha^2 b - 4\alpha b - 2a + \alpha a}$，$p_2^* = \frac{\alpha(16\alpha^2 b^2 - 8\alpha b^2 - 4ba + b\alpha a - 8\alpha^3 b^2 + 7\alpha^2 ba - 2a^2 + 2\alpha a^2 - 4a\alpha^3 b)}{2(4\alpha^2 b - 4\alpha b - 2a + \alpha a)(2\alpha b + a - 2\alpha^2 b)}$。

5.3.3 集中式供应链结构下零售商的销售决策分析

在对分散式供应链结构下一级市场上零售商和二级市场上零售商的最优定价决策及相应性质进行分析后，我们在本节中对集中式供应链结构下零售商的销售决策进行分析。在集中式供应链结构下，在一级市场上销售的零售商和在二级市场上销售的零售商为同一主体。零售商的决策目标是获得在一级市场和二级市场上总收益的最大化。其中，集中式供应链结构下零售商在在线二级市场上的相关决策分析与其在分散式供应链结构下的决策过程相同，在此节中不再重复分析。与分散式供应链结构中零售商在一级市场上的决策目标不同，在集中式供应链结构下，零售商在一级市场上的定价决策是要对两个市场的总收益进行最优化。

根据上节分析结论命题 3 可知，当 $\alpha p_1 \geq p_2$ 时，在给定一级市场上销售价格 p_1 后，零售商在在线二级市场上的最优销售价格决策 p_2^* 和最优订购量分别为：

$$\begin{cases} p_2^*(p_1) = \dfrac{\alpha \cdot ap_1 + 2b \cdot \alpha(1-\alpha)}{2a + 4b \cdot \alpha(1-\alpha)} \\ Q_2^*(p_1) = \dfrac{ap_1 + 2b(1-\alpha)}{4(1-\alpha)} \end{cases} \tag{5-24}$$

在集中式供应链结构下，在 F(x) 为 [0, 2] 上的均匀分布时，零售商在一级市场上的决策目标函数为式（5-25）：

$$\Pi_0 = \Pi_1 + \Pi_2 = a \cdot p_1 \cdot \overline{F}\left(\max\left\{\frac{p_1 - p_2}{1-\alpha},\ p_1\right\}\right) + Q_2^* \cdot p_2^*(p_1)$$

$$= a \cdot p_1 \cdot \left[1 - \frac{p_1 - \dfrac{\alpha \cdot ap_1 + 2b \cdot \alpha(1-\alpha)}{2a + 4b \cdot \alpha(1-\alpha)}}{2-2\alpha}\right] +$$

$$\frac{\alpha \cdot ap_1 + 2b \cdot \alpha(1-\alpha)}{2a + 4b \cdot \alpha(1-\alpha)} \cdot \frac{ap_1 + 2b(1-\alpha)}{4(1-\alpha)} \tag{5-25}$$

对式（5－25）关于 p_1 求一阶导，有：

$$\frac{d\Pi_0(p_1)}{dp_1} = a - \frac{a(3ap_1 - 4b\alpha + 6bp_1\alpha)}{4(a + 2b\alpha - 2b\alpha^2)} - \frac{ap_1}{4-4\alpha} \tag{5-26}$$

令式（5－26）一阶条件为零，求得 p_1^*：

$$p_1^* = \frac{4a(1-\alpha) + 4b\alpha(3 - 5\alpha + 2\alpha^2)}{a(4-3\alpha) + 8b\alpha(1-\alpha)} \tag{5-27}$$

根据式（5－27），可计算零售商在一级市场上的最优供给量 Q_1^* 为：

$$Q_1^* = \frac{a\ (32\alpha^3b^2 - 8a\alpha^3b + 25\alpha^2ba - 16\alpha^2b^2 - 16b\alpha a + 4\alpha a^2 - 4a^2 - 16\alpha^4b^2)}{2\ (3\alpha a - 8\alpha b + 8\alpha^2b - 4a)\ (2\alpha b + a - 2\alpha^2b)} \tag{5-28}$$

将式（5－27）和式（5－28）代入式（5－25）求得 Π_0^*：

$$\Pi_0^* = \frac{81b^2a\alpha^3 + ba \cdot \alpha^2(40a - 29b) - 16b\alpha^3(a^2 - b^2)}{2(3a\alpha - 8b\alpha + 8b\alpha^2 - 4a)(2b\alpha + a - 2b\alpha^2)} - \frac{4\alpha(2b^3\alpha - a^3 + 6ba^2 + ab^2 + \alpha^2) + 8b^2\alpha^4(b + 8a - 2a \cdot \alpha)}{2(3a\alpha - 8b\alpha + 8b\alpha^2 - 4a)(2b\alpha + a - 2b\alpha^2)} \tag{5-29}$$

至此，有命题6。

命题6　在集中式供应链系统中，零售商在一级市场上对产品的最优销售价格为 $p_1^* = \frac{4a(1-\alpha) + 4b\alpha(3 - 5\alpha + 2\alpha^2)}{a(4-3\alpha) + 8b\alpha(1-\alpha)}$，其在一级市场上的最优供给量为 $Q_1^* = \frac{a(32\alpha^3b^2 - 8a\alpha^3b + 25\alpha^2ba - 16\alpha^2b^2 - 16b\alpha a + 4\alpha a^2 - 4a^2 - 16\alpha^4b^2)}{2(3\alpha a - 8\alpha b + 8\alpha^2b - 4a)(2\alpha b + a - 2\alpha^2b)}$，零售商在一级市场和二级市场上销售的总收益为：

$$\Pi_0^* = \frac{81b^2a\alpha^3 + ba \cdot \alpha^2(40a - 29b) - 16b\alpha^3(a^2 - b^2)}{2(3a\alpha - 8b\alpha + 8b\alpha^2 - 4a)(2b\alpha + a - 2b\alpha^2)} - \frac{4\alpha(2b^3\alpha - a^3 + 6ba^2 + ab^2 + \alpha^2) + 8b^2\alpha^4(b + 8a - 2a \cdot \alpha)}{2(3a\alpha - 8b\alpha + 8b\alpha^2 - 4a)(2b\alpha + a - 2b\alpha^2)}。$$

同理，将命题6的结论代入引理2中的最优反应函数 $p_2^*(p_1)$、$Q_2^*(p_1)$ 和 $\Pi_2^*(p_1)$ 中，得：

$$p_2^* = \frac{\alpha(16\alpha^2b^2 - 8\alpha b^2 - 4ba + b\alpha a - 8\alpha^3b^2 + 7b\alpha^2a - 2a^2 + 2\alpha a^2 - 4a\alpha^3b)}{(3a\alpha - 8b\alpha + 8b\alpha^2 - 4a)(2b\alpha + a - 2b\alpha^2)}$$

$$Q_2^* = \frac{(1-\alpha)(16\alpha^2b^2 - 8\alpha b^2 - 4ba + b\alpha a - 8\alpha^3b^2 + 7b\alpha^2a - 2a^2 + 2\alpha a^2 - 4a\alpha^3b)}{2(3a\alpha - 8b\alpha + 8b\alpha^2 - 4a)}$$

$$\Pi_2 = \frac{\alpha(1-\alpha)(16\alpha^2b^2 - 8\alpha b^2 - 4ba + b\alpha a - 8\alpha^3b^2 + 7b\alpha^2a - 2a^2 + 2\alpha a^2 - 4a\alpha^3b)^2}{2(3a\alpha - 8b\alpha + 8b\alpha^2 - 4a)^2(2b\alpha + a - 2b\alpha^2)}$$

至此，有命题7。

命题7 在集中式供应链结构中，零售商在二级市场销售的最优定价 $p_2^* = \frac{\alpha(16\alpha^2b^2 - 8\alpha b^2 - 4ba + b\alpha a - 8\alpha^3b^2 + 7b\alpha^2a - 2a^2 + 2\alpha a^2 - 4a\alpha^3b)}{(3a\alpha - 8b\alpha + 8b\alpha^2 - 4a)(2b\alpha + a - 2b\alpha^2)}$，零售商在二级市场销售的最优订购量为

$$Q_2^* = \frac{(1-\alpha)(16\alpha^2b^2 - 8\alpha b^2 - 4ba + b\alpha a - 8\alpha^3b^2 + 7b\alpha^2a - 2a^2 + 2\alpha a^2 - 4a\alpha^3b)}{2(3a\alpha - 8b\alpha + 8b\alpha^2 - 4a)}。$$

将命题6和命题7中一级市场上和二级市场上零售商的最优销售价格 p_1^* 和 p_2^* 的表达式代入命题1，可得引理4。

引理4 在集中式供应链结构下，当一级市场上策略型消费者的感知价值 U_{1A} 等于临界值 U_{1A}^* 时，消费者选择在一级市场上购买或在二级市场上购买无差异。当一级市场上的策略型消费者感知价值 $U_{1A} > U_{1A}^*$ 时，会选择当期在一级市场上购买；当一级市场上的策略型消费者感知价值 $U_{1A} < U_{1A}^*$ 时，会选择等待到二级市场上再做出购买决策。其中，$U_{1A}^* = \frac{p_1^* - p_2^*}{1-\alpha}$，有 $p_1^* = \frac{4a(1-\alpha) + 4b\alpha(3 - 5\alpha + 2\alpha^2)}{a(4-3\alpha) + 8b\alpha(1-\alpha)}$，$p_2^* = \frac{\alpha(16\alpha^2b^2 - 8\alpha b^2 - 4ba + b\alpha a - 8\alpha^3b^2 + 7b\alpha^2a - 2a^2 + 2\alpha a^2 - 4a\alpha^3b)}{(3a\alpha - 8b\alpha + 8b\alpha^2 - 4a)(2b\alpha + a - 2b\alpha^2)}$。

5.4 本章小结

本章研究了在分散式供应链系统和集中式供应链系统中零售商在两级市场上的最优定价决策。其中，零售商在一级市场上面对的消费者为策略型消费者，二级市场上的消费者为短视型消费者。本章通过模型分析分别确定了一级市场上策略型消费者与二级市场上短视型消费者的最优购买决策。本章的研究结论主要如下：①在一级市场上为策略型消费者、二级市场上为短视型消费者的供应链环境下，零售商在一级市场和二级市场上的期望需求要低于市场上均为短视型消费者的情景，且一级市场和二级市场上的期望需求受到零售商在两级市场上销售价格的影响，并依赖于消费者感知价格的具体分布。②在分散式供应链结构下，零售商在一级市场和二级市场上的销售价格存在单调关系，零售商在二级市场上的最

优销售价格为一级市场销售价格的广义增函数。③在集中式供应链结构下，零售商在一级市场和二级市场的最优销售价格和收益依赖于两级市场上消费者的规模，并受一级市场上消费者对二级市场销售产品感知价值折扣因子的影响。

本章的模型可以从以下三个方面进行拓展：①本章在模型中考虑了一级市场的消费者群体规模 a 和二级市场上消费者群体规模 b，但是仅仅这两个参数并不能完整地表现出两个市场间的差异。可以研究的市场特征量还包括不同市场上消费者群体的消费能力特征，如假定一级市场上策略型消费者的感知价值并不是服从［0，2］区间的均匀分布，二级市场上短视型消费者的感知价值并不是服从［0，1］区间的均匀分布，而是分别服从［0，v_1^+］和［0，v_2^+］上的均匀分布或是服从其他的分布形式。②本章考虑了垄断零售商在一级市场上面对策略型消费者、在二级市场上面对短视型消费者分别在集中式供应链结构下和分散式供应链结构下的定价模型，这虽然是对已有文献的一个突破和补充，但在描述现实情况方面还有一定的差别。如果可以将一级市场和二级市场上的零售商的数量拓展到 n 个，考虑竞争对零售商定价机制的影响，将能够更好地模拟现实情况。但在这种情景设定下，一级市场上的策略型消费者对零售商和市场的选择将使模型的难度大幅提升，但这仍不失为一个拓展方向。③本章在对一级市场和二级市场上消费者感知价值的构建上，仅考虑了产品销售价格的影响。在现实生活中，随着时间流逝，易逝品的质量通常也会发生衰减变化，所以，在下一步的研究中，可以考虑将产品质量衰减对消费者感知价值的影响加入模型中，以令模型更贴近现实背景。

6 存在策略型消费者和回购协议的在线二级市场决策分析

【本章介绍】本章研究了在具有策略型消费者的供应链中，制造商和零售商在一级市场和电子商务二级市场上的回购合同模型。在销售季节开始前，零售商与供应商之间签订销售和回购协议，零售商面向一级市场销售，在一级市场销售结束后，制造商对剩余产品进行回购，并在独立电子商务平台上面向二级市场进行销售，我们分别求解了集中式供应链和分散式供应链结构下零售商与制造商的最优回购合同。

6.1 研究背景与文献综述

6.1.1 案例介绍

在我国网络购物蓬勃发展的过程中，越来越多的制造商选择使用在线销售渠道在二级市场上进行销售。第三方电子商务平台的迅猛发展为越来越多的制造商提供了通过电子商务渠道进行销售的机会，与此同时，消费者对于电子商务这一新兴购买渠道的接受程度日益提高，便捷的购物过程和货物快速送达等特性吸引了越来越多的消费者，如上品折扣网（http：//www. shopin. net/）、赛特奥莱网（http：//www. saite. com）等在线二级市场销售渠道。其中，根据上品折扣网在其官网上的介绍“上品折扣的商品均由品牌商或生产厂商直接提供，节省了中间环节的费用”，可知制造商使用独立电子商务平台在二级市场上销售具有其独特优势。制造商在二级市场上进行销售有很多原因。例如，当制造商销售发行一类新产品时，旧产品将过时并逐步被淘汰。通常情况下，新产品和旧产品的产品生命周期会有重叠，所以企业要采取措施来保证旧产品的销售不影响新产品的市场进入。根据 Birchall 等（1998）可知，实现此目的的一个策略就是先在一些目标渠道中引入新产品，并且在二级市场这类更关注高成熟度产品的渠道中销售旧产品。此外，对于制造商来讲，在二级市场上销售的另一个主要原因是处理因需求预测不准确而产生的过剩库存。特别是服装行业可以从此类使用二级市场的方式中大大获益，如 NIKE、adidas 和李宁的工厂店就是此类销售形式的代表。由于设计、订货和生产的前置时间通常会长达 9 个月，订货数量必须基于早期的需求期望估计，而需求期望估计往往和实际的需求相去甚远。此外，对于服装行业的零售商和制造商，缺货的成本往往远远大于过剩库存导致的成本，这促使零售商和制造商持有大量的库存。最后，有限的上架空间迫使零售商和制造商在销售季节末期必须快速地处理剩余商品（Donohue K.，2000）。

在实际中，电子商务渠道存在着多种形式。例如：电子商务市场可以是私有的，有一对多的关系类型特点；或是公共的，由多个卖家和多个买家共同使用互联网作为其交易的枢纽；或为虚拟私有，由多个买家和多个卖家共同使用，但买卖双方之间没有任何互动，所以每个买卖关系都可以看成是一个私有的电子商务系统。根据目标产业的不同，电子商务渠道也可以进行不同划分：一些关注于单一产业，如服装行业或电子行业。有些电子商务渠道则侧重于提供多样化、种类繁多的产品类别。更进一步地，公司还可以通过电子商务渠道来交易生产运用所需的原材料或间接材料。最终，电子商务渠道可以作为主要的销售渠道为一级市场服务，还可以作为处理过剩库存的方法在二级市场上使用；或同时在两个市场上进行销售。本章主要研究制造商通过独立电子商务平台开展在线渠道时，同时作用于一级市场和二级市场的情景。对于制造商选择第三方电子商务平台渠道这一方式在一级市场和二级市场上销售的原因主要包括：①在客观方面，制造商自身不具备资金、技术和人员配置等实力去构建、运营和维护电子商务渠道。②即使制造商具备开设电子商务渠道的能力，但由于前期投资额和后期运营维护成本高等原因，选择使用第三方电子商务渠道更具备成本优势。③第三方电子商务渠道平台具有客户群体规模优势，消费者对渠道的认知度和信任度有利于制造商扩大销售。

基于以上实际背景，在具有时尚属性的季节性商品的销售中，零售商和制造商往往会签订回购协议，并将回购的商品借助独立电子商务平台渠道在一级市场和二级市场上进行销售。本章由制造商和零售商组成供应链结构。制造商向零售商提供产品，零售商在一级市场上销售产品。在在线二级市场上，制造商将零售商退回的产品放在电子商务渠道中销售。在本章中，制造商与零售商之间存在供应关系，在一级市场上的销售开始之前，制造商与零售商签订销售合同与回购合同，并向零售商供应产品。在销售季节开始后，零售商面向一级市场上的策略型消费者销售产品，当一级市场的销售结束后，根据回购协议，将产品返回给制造商。此后，制造商将零售商退回的产品通过第三方电子商务平台的渠道，再面向一级市场和二级市场上的消费者进行销售。我们从供应链整体协调的角度，分析了集中式供应链和分散式供应链结构下零售商的最优订购量决策，以及在不同供应链结构下，制造商的最优批发价格和回购价格决策。

6.1.2 文献回顾

传统供应链协调的研究发展到现在已经有较为成熟的理论成果（Cachon G. P. 等，2004），回购合同是其中应用比较广泛的协调契约之一。在供应链中，制造商可以通过回购合同将期末剩余产品回购。研究表明，回购合同能够降低零售商的库存积压风险，并提高供应链整体收益。近年来电子商务渠道的迅猛发展，为制造商处理剩余产品提供了便利条件，利用二级电子商务市场，制造商回购的过季产品能够通过电子商务渠道（如 Landsend. com、Yardsales. com 等网站）以合适的价格销售，增加制造商的收益。然而，Hua 和 Li（2008）的研究显示，随着零售商实力的增强，零售商开始在供应链中占据主导地位，负责协调供应链并通过在电子商务渠道销售剩余产品获利。在这种情况下，传统供应链模型可能不再适用，因此，研究二级市场电子商务渠道的协调有着十分重要的现实意义。

在回购合同研究领域，B. Pasternack（1985）、Donohue（2000）、Lau H. 和 Lau A.（1999，2000）在没有考虑到策略型消费者对供应链系统的影响时，分析了如何采用回购合同对分散管理的系统进行协调。Webster 和 Weng（2000）及 Serifert、Thonemann 和 Rockhold（2006）从电子商务渠道和传统渠道并存角度，分析了回购合同的协调作用。Tsay 和 Agrawal（2004）、Jayashankar 和 Sridhar（2003）及 Granot 和 Sosic（2005）研究了图书行业中的回购合同，他们的研究显示，图书出版公司会在销售期末回购剩余图书，并把剩余图书重新在二级折扣市场上进行销售。而对于顾客而言，可以选择进入一级市场或二级市场。消费者可通过选择等待，以期在二级折扣市场获得更大的消费者剩余。然而，上述文献仅把顾客效用简单地引入到供应链管理研究中，在真正的经济活动中，顾客具有策略性等待行为，能够预期从二级市场购买产品，从而获得更多消费者剩余。

F. Muth（1961）最早从经济学的角度提出顾客战略行为。Su 和 Zhang（2008）第一次把策略型消费者行为引入到报童模型的分析中，并指出，具有顾客战略行为的报童模型，其最优的订购量不同于一般性的报童模型。Choi、Li 和 Yan（2004）研究了二级市场电子商务渠道环境下的定价以及最优的回购契约。Seifer 等（2006）研究了电子商务渠道环境下一个制造商与多个零售商组成的供应链的回购契约。常志平和蒋馥（2003）研究了在偏向买方的电子商务渠道下的回购合同，指出了协调供应链的条件。晏妮娜和黄小原（2005）在 Choi、Li 和 Yan（2004）研究的基础上考虑了制造商通过委托零售商来处理退货的供应链模型，并考虑了买卖双方的风险偏好。王虹和周晶（2009）研究了二级市场电子商务渠道环境下，由制造商、零售商和二级电子商务市场平台拥有者组成的供应链，研究了制造商和零售商分别作为供应链主导者时，实现供应链协调的回购契约和价格补贴契约下供应链中各参与方的期望收益。

本书与以往研究回购的文献的区别在于：商品本身具有易逝性，且商品在两个渠道上的销售有时间上的先后顺序，零售商和制造商两者之间既存在着上下游的供应关系，也在销售过程中存在着竞争关系。但因为一个款式的商品只有在某一时点之后才能通过回购进入二级市场销售，一级市场和二级市场存在时间上的先后顺序，没有重叠，所以制造商和零售商的竞争关系并不显著。而且，零售商的店面销售对制造商的品牌建设有重要意义，若没有零售商的店面销售，制造商的生存将会十分困难。所以，零售商在二级市场上销售的主要目的不是与零售商竞争。本章的研究贡献主要如下：首先，不同于 Chiang 和 Chhajed（2003）的文献中假定市场上的需求确定，本章分析了存在策略型消费者行为下不确定性需求对零售商订购量的影响。其次，本章创新性地将回购合同和策略型消费者引入二级市场研究中。

6.2 问题描述与模型构建

6.2.1 问题描述

本章考虑供应链主体为一个制造商和一个零售商的情景。零售商在销售季节开始前，向制造商订货，在销售季节开始后面向一级市场进行销售，在一级市场销售结束后，将未销售的产品按照回购协议规定的价格将产品退还给制造商。制造商对回购的产品进行某种重新加工后，通过第三方独立电子商务平台在二级市场上进行销售。假设零售商和制造商在一级市场和在线二级市场上面对共同的消费者群体进行销售。本章模型的供应链结构如图 6 –1 所示。

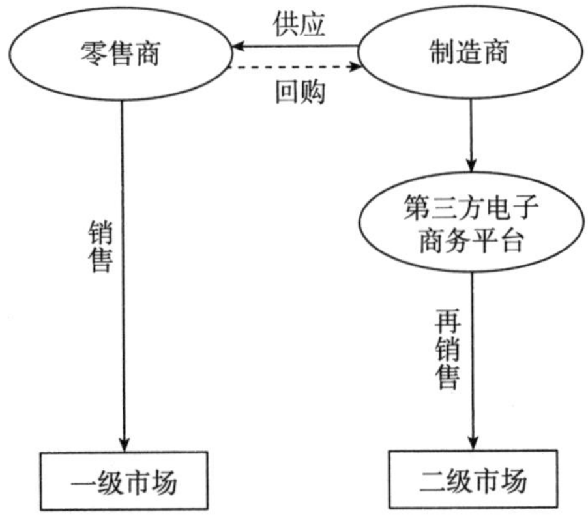

图 6 –1　基于回购协议的在线二级市场供应链结构

本章模型中所考虑的消费者为策略型消费者，其可以选择在一级市场上购买，也可以选择等待到在线二级市场上购买。在一级市场上，零售商向制造商订货，并在一级市场上进行销售，经过一定时间后，在一级市场关闭后剩余产品被制造商回购。在电子商务渠道的二级市场上，制造商将从零售商处回购的产品通过第三方独立电子商务渠道在二级市场上销售。本章分析了集中式和分散式两种供应链结构下，当一级市场和在线二级市场上的消费者为策略型消费者时，各供应链主体的订购量决策和销售决策。

6.2.2　模型假设与结构

模型的基本假设如下：

（1）零售商仅在一级市场上销售，并在一级市场上处于垄断地位。

（2）制造商向零售商供应产品，单位产品的批发价格为 ω，在一级市场上销售结束后，以单位产品回购价格 b 将零售商的剩余库存进行完全回购，在回购后将产品通过第三方电子商务平台在二级市场上进行销售。

（3）零售商在一级市场上对单位产品的销售价格为 p_1，制造商在在线二级市场上对单位产品的销售价格为 p_2，有 $p_1>p_2>0$。

（4）制造商对单位产品的生产成本为 c_1，当其在一级市场上销售结束，从零售商处回购产品之后，会通过向第三方独立电子商务平台支付一个使用成本实现将产品通过在线渠道再销售，单位回购产品向独立电子商务平台的支付为 c_2。

（5）Q_i^A 表示在不同供应链结构下，一级市场上的零售商向制造商的订货数量。Q_i^B 表示在不同供应链结构下，在线二级市场上制造商从零售商处回购的产品数量。其中，A 表示一级市场，B 表示二级市场。$i=1$ 表示集中式供应链结构，$i=2$ 表示分散式供应链结构。

（6）q_i^A 表示在集中式供应链结构和分散式供应链结构下，零售商在一级市场上的实际销售量；q_i^B 表示在不同供应链结构下，制造商通过独立电子商务平台在二级市场上的实际销售量。

（7）设一级市场和在线二级市场面临的总消费者群体数量为 X，服从概率密度函数为 $f(x)$、概率分布函数为 $F(x)$ 的分布。

（8）所有消费者同质，v 服从［0，1］上的均匀分布。

（9）γ_i，$i=1$，2 分别表示在集中式和分散式的供应链结构下，消费者选择在在线二级市场上购买时，预期在在线二级市场上获得产品的概率。

（10）令 Π_i^j，$i=1$，2 表示不同供应链结构下的利润函数。其中，$j=S$，M，R 分别表示整个供应链 S 的利润函数、制造商 M 的利润函数和零售商 R 的利润函数。

表 6－1 所示为本章所涉及的模型参数。

表 6－1　模型参数

符号	代表的含义
p_1	零售商在一级市场上的销售价格
p_2	制造商通过第三方独立电子商务平台在二级市场上的销售价格
ω	制造商向零售商销售产品的批发价格
b	制造商向零售商回购产品的回购价格
c_1	制造商单位产品的生产成本
c_2	制造商将回购产品在第三方独立电子商务平台上销售支付的单位成本
Q_1^A	集中式供应链结构下一级市场上的零售商向制造商的订货数量
Q_2^A	分散式供应链结构下一级市场上的零售商向制造商的订货数量
Q_1^B	集中式供应链结构下制造商从零售商处回购的产品数量

续表

符号	代表的含义
Q_2^B	分散式供应链结构下制造商从零售商处回购的产品数量
q_1^A	集中式供应链结构下零售商在一级市场上的实际销售量
q_2^A	分散式供应链结构下零售商在一级市场上的实际销售量
q_1^B	集中式供应链结构下制造商在在线二级市场上的实际销售量
q_2^B	分散式供应链结构下制造商在在线二级市场上的实际销售量
X	一级市场和在线二级市场上总体消费者群体数量
F（x）	一级市场和在线二级市场上消费者总人数服从的概率分布函数
f（x）	一级市场和在线二级市场上消费者总人数服从的概率密度函数
v	消费者对一级市场上销售产品的感知价值
θ	消费者对第三方电子商务平台的二级市场上销售产品感知价值的折扣
γ_1	集中式供应链下一级市场消费者在二级市场上获得产品的概率预期
γ_2	分散式供应链下一级市场消费者在二级市场上获得产品的概率预期
D_{1A}	集中式供应链结构下零售商在一级市场上的需求
D_{2A}	分散式供应链结构下零售商在一级市场上的需求
D_{1B}	集中式供应链结构下制造商在二级市场上的需求
D_{2B}	分散式供应链结构下制造商在二级市场上的需求
Π_1^s	集中式供应链结构下整个供应链 S 的利润
Π_1^M	集中式供应链结构下制造商 M 的利润
Π_1^R	集中式供应链结构下零售商 R 的利润
Π_2^s	分散式供应链结构下整个供应链 S 的利润
Π_2^M	分散式供应链结构下制造商 M 的利润
Π_2^R	分散式供应链结构下零售商 R 的利润

在本章模型中，一级市场上的消费者为策略型消费者。这类消费者人群既可以在一级市场上实现购买行为，也可以在在线二级市场开设后在二级市场上实现购买行为。一级市场上的策略型消费者对零售商在一级市场上销售产品的感知价值为 v，一级市场上的策略型消费者对电子商务渠道二级市场上产品的感知价值为 θv，其中 θ 表示相对于一级市场而言，消费者对在线二级市场上所销售产品的感知价值的折扣，$0<\theta<1$ ［Chiang（2003）也采取相似的模型处理方式］。消费者若在一级市场上购买，则消费者剩余为 $v-p_1$；消费者若在在线二级市场上购买，则消费者剩余为 $\theta v-p_2$。一级市场上的策略型消费者根据自身对产品感知价

值的估计 v、一级市场上销售价格 p_1、二级市场上销售价格 p_2 和产品未来在在线二级市场可得性的预期 γ，将其在一级市场和在线二级市场上可以获得的效用进行对比，以最大化消费者剩余为决策目标，制定购买决策。

基于以上分析，我们可知在本章中，制造商、零售商和消费者之间的博弈和决策流程如下：①零售商在一级市场上以批发价格 ω 从制造商购入 Q 单位产品，并在一级市场上以 p_1 的价格面向一级市场上的策略型消费者销售产品。在一级市场上的销售结束后，将未售出的产品以回购价格 b 完全退还给制造商。②制造商在一级市场销售季节开始前，按照零售商的订货数量 Q 进行生产。在整个销售期内，制造商仅有一次生产机会，制造商对单位产品的生产成本为 c_1。在零售商的一级市场销售结束后，制造商将零售商未售出的产品全部以价格 b 进行回购，并对第三方独立电子商务平台支付单位产品 c_2 的费用，将回购的产品通过电子商务渠道面向一级市场和二级市场销售。③一级市场上的策略型消费者根据零售商在一级市场上销售价格 p_1、制造商在二级市场上销售价格 p_2 和产品未来在在线二级市场可得性的预期 γ，以最大化消费者为决策目标，决策购买时机。

6.3 模型求解和分析

6.3.1 一级市场和二级市场上的消费者需求分析

在集中式供应链和分散式供应链下，制造商和零售商在一级市场和在线二级市场上面对的策略型消费者的需求结构相同。所以在本节中，我们将集中式供应链和分散式供应链下的策略型消费者需求进行统一分析。

对于任意的供应链结构中，对产品感知价值为 $v(0 \leqslant v \leqslant 1)$ 的策略型消费者来讲，选择购买的决策依据是最大化消费者剩余。即比较在一级市场上购买的消费者剩余 $v - p_1$ 和在在线二级市场上购买的消费者剩余 $\gamma_i(\theta v - p_2)$。分析如下：

$$\begin{cases} v - p_1 > \gamma_i(\theta v - p_2) \\ v - p_1 > 0 \end{cases} \tag{6-1}$$

在式（6-1）成立的情况下，策略型消费者会选择在一级市场上购买。

$$\begin{cases} \gamma_i(\theta v - p_2) > v - p_1 \\ \gamma_i(\theta v - p_2) > 0 \end{cases} \tag{6-2}$$

在式（6－2）成立的情况下，策略型消费者会选择在在线二级市场上购买。

通过分别求解不等式组，可得分析如下：

（1）当$0 \leqslant \theta < \frac{p_2}{p_1}$时，对任意的$1 \geqslant v > p_1$，都有$v - p_1 > \gamma_i(\theta v - p_2)$，且对任意$v \in [0, 1]$，不存在$v - p_1 < \gamma_i(\theta v - p_2)$，因此所有的策略型消费者都会选择在一级市场上购买产品。此时一级市场上的需求为$D_{iA} = x \cdot (1 - p_1)$，在线二级市场上的需求为$D_{iB} = 0$，$i = 1, 2$。

（2）当$\frac{p_2}{p_1} \leqslant \theta \leqslant \frac{1 - p_1 + \gamma_i p_2}{\gamma_i}$时，一级市场和在线二级市场各存在一部分消费者会购买产品。策略型消费者感知价值v满足$v - p_1 > \gamma_i(\theta v - p_2)$，且$1 \geqslant v > p_1$的消费者会选择在一级市场上购买产品，此时一级市场上的需求为$D_{iA} = x \cdot \left(1 - \frac{p_1 - \gamma_i p_2}{1 - \gamma_i \theta}\right)$。感知价值v满足$v - p_1 < \gamma_i(\theta v - p_2)$，且$\gamma_i(\theta v - p_2) > 0$的消费者选择在在线二级市场上购买，在线二级市场上的需求为$D_{iB} = x \cdot \left[1 - \frac{\theta p_1 - p_2}{\theta(1 - \gamma_i \theta)}\right]$，其中，$i = 1, 2$。

（3）当$\frac{1 - p_1 + \gamma_i p_2}{\gamma_i} < \theta \leqslant 1$时，不存在$v \in [0, 1]$，使$v - p_1 > \gamma_i(\theta v - p_2)$，因此所有策略型消费者都会选择等待到在线二级市场上购买产品。此时$D_{iA} = 0$，$D_{iB} = x \cdot \left(1 - \frac{p_2}{\theta}\right)$，$i = 1, 2$。

根据以上分析，有命题1。

命题1　当零售商在一级市场上的销售价格为p_1，制造商通过第三方电子商务平台在二级市场上以价格p_2销售产品时，在集中式$i = 1$和分散式$i = 2$供应链结构下，一级市场和在线二级市场的需求D_{iA}和D_{iB}为：

$$(D_{iA}, D_{iB}) = \begin{cases} (x \cdot (1 - p_1), 0), & 0 \leqslant \theta < \frac{p_2}{p_1} \\ \left(x \cdot \left(1 - \frac{p_1 - \gamma_i p_2}{1 - \gamma_i \theta}\right), x \cdot \left[1 - \frac{\theta p_1 - p_2}{\theta(1 - \gamma_i \theta)}\right]\right), & \frac{p_2}{p_1} \leqslant \theta \leqslant \frac{1 - p_1 + \gamma_i p_2}{\gamma_i} \\ \left(0, x \cdot \left(1 - \frac{p_2}{\theta}\right)\right), & \frac{1 - p_1 + \gamma_i p_2}{\gamma_i} < \theta \leqslant 1 \end{cases} \tag{6-3}$$

其中，γ_1和γ_2分别为在集中式供应链和分散式供应链中，策略型消费者选择在在线二级市场上购买时获得产品的概率，有 $0\leqslant\gamma_1\leqslant1$，$0\leqslant\gamma_2\leqslant1$。对于 γ_1 和 γ_2 的取值，会在后文进行计算分析。

由命题 1 可知，在 $0\leqslant\theta<\frac{p_2}{p_1}$ 的情况下，制造商在在线二级市场不会产生实际销售；在 $\frac{1-p_1+\gamma_i p_2}{\gamma_i}<\theta\leqslant1$ 的情况下，零售商在一级市场上不会产生实际销售。只有在 $\frac{p_2}{p_1}\leqslant\theta\leqslant\frac{1-p_1+\gamma_i p_2}{\gamma_i}$ 的情况下，零售商面向的一级市场和制造商面向的在线二级市场都会有策略型消费者从中购买。为使对面向策略型消费者的二级市场研究和回购协议研究有意义，本章的分析专注于在一级市场和在线二级市场上都存在需求的情况，也即专注于 $\frac{p_2}{p_1}\leqslant\theta\leqslant\frac{1-p_1+\gamma_i p_2}{\gamma_i}$ 这一不等式成立时的情景分析。

当零售商和制造商面对的消费者为短视型时，消费者不考虑其在在线二级市场对产品的可得性，也即其认为在二级市场上的产品的可得性为 1。对以上一级市场和在线二级市场需求的分析可得：

$$\frac{1-p_1+\gamma_i p_2}{\gamma_i}>1-p_1+p_2 \tag{6-4}$$

也即，当零售商和制造商面对策略型消费者时，一级市场和在线二级市场的需求量会小于当制造商和零售商面对短视型消费者销售时，各自在一级市场和在线二级市场上面对的需求量。

至此，有引理 1。

引理 1　当供应链系统中的消费者为策略型消费者时，零售商在一级市场上销售时的需求量会小于其在面对短视型消费者销售时的需求量。同样，在面对策略型消费者时，制造商通过第三方电子商务平台在二级市场上销售面对的需求量小于短视型消费者情景下的需求量。

引理 1 较好地印证了以往文献中关于策略型消费者研究的结论，即在某种程度上，供应链中存在策略型消费者对供应链的运营效率会产生一定程度的负面影响。

基于式（6－3），令：

$$\begin{cases} d_{iA}=\left(1-\dfrac{p_1-\gamma_i p_2}{1-\gamma_i\theta}\right) \\ d_{iB}=\left[1-\dfrac{\theta p_1-p_2}{\theta(1-\gamma_i\theta)}\right] \end{cases} \tag{6-5}$$

由 $d_{iB}=\left[1-\frac{\theta p_1-p_2}{\theta(1-\gamma_i\theta)}\right]$ 可知，在制造商销售的在线二级市场上，当存在消费者的策略性行为时，会有更多对在线二级市场有较高接受度的消费者选择等待到二级市场上进行购买。

至此，有引理2。

引理2　在存在策略型消费者的供应链系统中，策略型消费者对于通过第三方电子商务平台在二级市场上进行销售的产品接受程度 θ 越高，会有越多的策略型消费者实施等待行为，选择等待到在线二级市场上再做出是否购买的决策。

由引理2可知，消费者通过第三方电子商务平台进行销售的二级市场程度越高，越有利于制造商在二级市场上的销售。

对于在线二级市场而言，制造商在二级市场上的销售量取决于两个方面：一是取决于在一级市场上销售的零售商向制造商的订货量；二是取决于策略型消费者在一级市场上的不确定需求的实现情况。在一级市场销售结束后，制造商从零售商处回购的产品数量为：

$$Q_i^B=\max(0,\ Q_i^A-D_{iA})\tag{6-6}$$

当给定零售商在一级市场的订购量 Q_i^A 后，当 $Q_i^A-D_{iA}\leqslant 0$，即零售商在一级市场上面对策略型消费者出现供不应求的情况时，制造商从零售商处的回购量也即在二级市场上的供给量为0。由 $Q_i^A-D_{iA}\leqslant 0$，有：当 $x\cdot d_{iA}\geqslant Q_i^A$ 时，$Q_i^B=0$。当 $Q_i^A-D_{iA}>0$，即零售商在一级市场上面对策略型消费者出现供大于求的情况时，制造商通过从零售商处回购，在在线二级市场上的供给量为 $Q_i^A-D_{iA}$。由 $Q_i^A-D_{iA}>0$ 和 $Q_i^B\in(0,\ Q_i^A]$，有 $x\cdot d_{iA}<Q_i^A$ 且 $x\cdot d_{iA}\geqslant Q_i^A-Q_i^B$。

根据以上分析，可知在给定零售商在一级市场上的订货量 Q_i^A 时，制造商在二级市场上的供给量，也即从零售商处的回购数量 Q_i^B 的条件概率分布和条件概率密度函数的分布如下：

$$\left[F\left(\frac{Q_i^B}{d_{iA}}\right)\right]\mid Q_i^A=\begin{cases}F(x\cdot d_{iA}>Q_i^A)=1-F\left(\frac{Q_i^A}{d_{iA}}\right),\ Q_i^B=0\\ F\left(\frac{Q_i^A}{d_{iA}}\right)-F\left(\frac{Q_i^A-Q_i^B}{d_{iA}}\right),\ Q_i^B\in(0,\ Q_i^A]\end{cases}\tag{6-7}$$

在给定零售商在一级市场上的订货量 Q_i^A 后，Q_i^B 条件概率密度函数的分布如下：

$$\left[f\left(\frac{Q_i^B}{d_{iA}}\right)\right]\mid Q_i^A=\begin{cases}0,\ Q_i^B=0\\ \frac{1}{d_{iA}}\cdot f\left(\frac{Q_i^A-Q_i^B}{d_{iA}}\right),\ Q_i^B\in(0,\ Q_i^A]\end{cases}\tag{6-8}$$

至此，有命题2。

命题2　在不同的供应链结构下，已知在一级市场上销售的零售商的订货量 Q_i^A 时，制造商在在线二级市场上的供给量，也即从零售商处的回购数量 Q_i^B 的条件概率分布函数为 $\left[F\left(\frac{Q_i^B}{d_{iA}}\right)\right] \mid Q_i^A = \begin{cases} F(x \cdot d_{iA} > Q_i^A) = 1 - F\left(\frac{Q_i^A}{d_{iA}}\right), & Q_i^B = 0 \\ F\left(\frac{Q_i^A}{d_{iA}}\right) - F\left(\frac{Q_i^A - Q_i^B}{d_{iA}}\right), & Q_i^B \in (0, Q_i^A] \end{cases}$。且在给定一级市场上销售的零售商的订货量 Q_i^A 后，Q_i^B 条件概率密度函数的分布为 $\left[f\left(\frac{Q_i^B}{d_{iA}}\right)\right] \mid Q_i^A = \begin{cases} 0, & Q_i^B = 0 \\ \frac{1}{d_{iA}} \cdot f\left(\frac{Q_i^A - Q_i^B}{d_{iA}}\right), & Q_i^B \in (0, Q_i^A] \end{cases}$。

其中，命题2是本章后两节的计算分析的基础。

6.3.2　存在策略型消费者的集中式供应链系统分析

在集中式供应链结构下，供应链中的决策主体只有制造商和策略型消费者。其中，面向一级市场和在线二级市场销售的同一销售主体为制造商。供应链中各成员的博弈顺序为：

（1）制造商决定生产量 Q_1^A。

（2）策略型消费者根据最大化消费者剩余的决策准则，选择在一级市场上购买或等待到达在线二级市场上购买。

（3）制造商根据对策略型消费者不确定性需求的预期，做出最优生产量决策 Q_1^{A*}，实现利润最大化 Π_1^{M*}。

假设策略型消费者与制造商之间是完全信息。即假设策略型消费者知道一级市场上产品的销售价格为 p_1，以及制造商对产品的生产成本 c_1。已知策略型消费者在一级市场上对产品的感知价值 v 服从［0，1］上的均匀分布，所以策略型消费者预期一级市场上会有 $1 - p_1$ 的人购买，且制造商会在销售价格为 c_1 时才选择提供产品，据此消费者预期其等待到达二级市场上购买能得到产品的概率为 $\gamma_1 = \frac{p_1 - c_1}{p_1}$。同理可见在分散式供应链结构下消费者对二级市场上产品可得性预期的分析。

首先，对集中式供应链结构下，制造商在一级市场上的期望销售量 $E[q_1^A]$ 进行分析。在集中式供应链结构下，制造商在一级市场上的实际销售量 q_1^A 如式

(6-9) 所示：

$$q_1^A=\begin{cases}Q_1^A,\ D_{1A}\geqslant Q_1^A\\ D_{1A},\ D_{1A}<Q_1^A\end{cases}\tag{6-9}$$

根据式 (6-9)，有：

$$E[q_1^A]=\int_{\frac{Q_1^A}{d_{1A}}}^{\infty}Q_1^A\cdot f(x)dx+\int_0^{\frac{Q_1^A}{d_{1A}}}x\cdot d_{1A}\cdot f(x)dx\tag{6-10}$$

对式 (6-10) 进行计算，有：

$$\begin{aligned}E[q_1^A]&=Q_1^A\left[1-F\left(\frac{Q_1^A}{d_{1A}}\right)\right]+x\cdot d_{1A}\cdot F(x)\Big|_0^{\frac{Q_1^A}{d_{1A}}}-\int_0^{\frac{Q_1^A}{d_{1A}}}d_{1A}\cdot F(x)dx\\&=Q_1^A\left[1-F\left(\frac{Q_1^A}{d_{1A}}\right)\right]+Q_1^AF\left(\frac{Q_1^A}{d_{1A}}\right)-d_{1A}\int_0^{\frac{Q_1^A}{d_{1A}}}F(x)dx\\&=Q_1^A-d_{1A}\int_0^{\frac{Q_1^A}{d_{1A}}}F(x)dx\end{aligned}\tag{6-11}$$

其次，对集中式供应链结构下，制造商在在线二级市场上的期望销售量 $E[q_1^B]$进行分析。当已知制造商在在线二级市场上的供给量 Q_1^B 时，对制造商在在线二级市场上期望销售量 $E[q_1^B]$ 的分析类似其在一级市场上期望销售量 $E[q_1^A]$的分析，有：

$$S[q_1^B]=Q_1^B-d_{1B}\int_0^{\frac{Q_1^B}{d_{1B}}}F(x)dx\tag{6-12}$$

又由式 (6-8) 可知 Q_1^B 条件概率密度函数的分布，所以，制造商在在线二级市场上的期望销售量 $E[q_1^B]$ 如式 (6-13) 所示：

$$E[q_1^B]=\frac{1}{d_{1A}}\cdot\int_0^{Q_1^A}S[q_1^B]f\left(\frac{Q_1^A-Q_1^B}{d_{1A}}\right)dQ_1^B\tag{6-13}$$

基于以上分析，可知制造商在一级市场上和在线二级市场上的条件期望利润函数为：

$$\begin{aligned}E[\Pi_1^M\mid Q_1^A]=&\frac{p_2}{d_{1A}}\cdot\int_0^{Q_1^A}S[q_1^B]f\left(\frac{Q_1^A-Q_1^B}{d_{1A}}\right)dQ_1^B+p_1\cdot E[q_1^B]-\\&\frac{c_2}{d_{1A}}\int_0^{Q_1^A}Q_1^Bf\left(\frac{Q_1^A-Q_1^B}{d_{1A}}\right)dQ_1^B-c_1Q_1^A\end{aligned}\tag{6-14}$$

将式 (6-13) 代入式 (6-14)，有：

$$E[\Pi_1^M \mid Q_1^A] = \frac{p_2}{d_{1A}} \cdot \int_0^{Q_1^A} \left[Q_1^B - d_{1B}\int_0^{\frac{Q_1^B}{d_{1B}}} F(x)\,dx \right] f\left(\frac{Q_1^A - Q_1^B}{d_{1A}}\right) dQ_1^B +$$

$$p_1 \cdot \left[Q_1^A - d_{1A}\int_0^{\frac{Q_1^A}{d_{1A}}} F(x)\,dx \right] - \frac{c_2}{d_{1A}}\int_0^{Q_1^A} Q_1^B f\left(\frac{Q_1^A - Q_1^B}{d_{1A}}\right) dQ_1^B - c_1 Q_1^A$$

$$= \frac{p_2 - c_2}{d_{1A}} \cdot \int_0^{Q_1^A} Q_1^B f\left(\frac{Q_1^A - Q_1^B}{d_{1A}}\right) dQ_1^B + p_1 \cdot$$

$$\left[Q_1^A - d_{1A}\int_0^{\frac{Q_1^A}{d_{1A}}} F(x)\,dx \right] - c_1 Q_1^A -$$

$$\frac{p_2 d_{1B}}{d_{1A}} \cdot \int_0^{Q_1^A}\int_0^{\frac{Q_1^B}{d_{1B}}} F(x)\,dx f\left(\frac{Q_1^A - Q_1^B}{d_{1A}}\right) dQ_1^B \qquad (6-15)$$

已知，对 $\int_0^{Q_1^A} Q_1^B \cdot f\left(\frac{Q_1^A - Q_1^B}{d_{1A}}\right) dQ_1^B$ 关于 Q_1^A 求一阶导为 $\frac{d\left[\int_0^{Q_1^A} Q_1^B \cdot f\left(\frac{Q_1^A - Q_1^B}{d_{1A}}\right) dQ_1^B\right]}{dQ_1^A} = d_{1A} \cdot F\left(\frac{Q_1^A}{d_{1A}}\right)$。

所以，对式（6－15）关于 Q_1^A 求一阶导，得：

$$\frac{dE[\Pi_1^M \mid Q_1^A]}{dQ_1^A} = \frac{p_2 - c_2}{d_{1A}} \cdot d_{1A} \cdot F\left(\frac{Q_1^A}{d_{1A}}\right) + p_1 \cdot \left[1 - F\left(\frac{Q_1^A}{d_{1A}}\right)\right]$$

$$- c_1 - p_2 \cdot \int_0^{Q_1^A} F\left(\frac{Q_1^A - Q_1^B}{d_{1A}}\right) dF\left(\frac{Q_1^B}{d_{1B}}\right) \qquad (6-16)$$

令式（6－16）一阶条件为0，有：

$$F\left(\frac{Q_1^{A*}}{d_{1A}}\right) = \frac{p_1 - c_1 - p_2 \cdot \int_0^{Q_1^{A*}} F\left(\frac{Q_1^{A*} - Q_1^B}{d_{1A}}\right) dF\left(\frac{Q_1^B}{d_{1B}}\right)}{p_1 - (p_2 - c_2)} \qquad (6-17)$$

可知在集中式供应链结构下，制造商的最优生产量 Q_1^{A*} 为：

$$Q_1^{A*} = d_{1A} \cdot F^{-1}\left[\frac{p_1 - c_1 - p_2 \cdot \int_0^{Q_1^{A*}} F\left(\frac{Q_1^{A*} - Q_1^B}{d_{1A}}\right) dF\left(\frac{Q_1^B}{d_{1B}}\right)}{p_1 - (p_2 - c_2)}\right] \qquad (6-18)$$

至此，有命题3。

命题3 在集中式供应链结构下，制造商的条件期望利润为 $E[\Pi_1^M \mid Q_1^A] = \frac{p_2 - c_2}{d_{1A}} \cdot \int_0^{Q_1^A} Q_1^B f\left(\frac{Q_1^A - Q_1^B}{d_{1A}}\right) dQ_1^B + p_1 \cdot \left[Q_1^A - d_{1A}\int_0^{\frac{Q_1^A}{d_{1A}}} F(x)\,dx \right] - c_1 Q_1^A - \frac{p_2 d_{1B}}{d_{1A}} \cdot$

$\int_0^{Q_1^A}\int_0^{\frac{Q_1^B}{d_{1B}}}F(x)dxf\left(\frac{Q_1^A - Q_1^B}{d_{1A}}\right)dQ_1^B$，且其最优生产量为 $Q_1^{A*} = d_{1A} \cdot F^{-1}\left[\frac{p_1 - c_1 - p_2 \cdot \int_0^{Q_1^{A*}} F\left(\frac{Q_1^{A*} - Q_1^B}{d_{1A}}\right)dF\left(\frac{Q_1^B}{d_{1B}}\right)}{p_1 - (p_2 - c_2)}\right]$。

由命题3可知，在其他经济参数不变的情况下，制造商向第三方独立电子商务平台支付的单位使用成本 c_2 越高，其条件期望利润函数越低，制造商的生产量也越低。这一单调关系表示的经济含义较为直观：在集中式供应链系统中，若制造商需要第三方独立电子商务平台支付的成本增加，相当于其回购成本，随着回购成本的增加，制造商的最优生产量和最优利润都会下降。

6.3.3　存在策略型消费者的分散式供应链系统分析

在存在策略型消费者的分散式供应链结构中，供应链中的决策主体为制造商、零售商和策略型消费者。各供应链成员之间的博弈过程如下：

（1）制造商决定对零售商的批发价格和回购价格（ω，b）。

（2）在一级市场销售开始前，零售商确定向制造商的订货量 Q_i^A，并在一级市场上进行销售。

（3）策略型消费者根据一级市场的销售价格 p_1 和在线二级市场的销售价格 p_2，以及对在线二级市场上产品可得性的预期 γ_2，根据最大化消费者剩余的决策标准，决定是在一级市场购买还是等待到达二级市场再决定是否购买。

（4）一级市场销售结束后，零售商在一级市场上实现自身利润，制造商将零售商在一级市场上未售出的产品进行回购，并通过第三方独立电子商务平台在二级市场上销售。

（5）制造商在二级市场上销售结束后，实现在二级市场上的销售利润，整个销售过程结束。

6.3.3.1　零售商在一级市场上销售的订购决策分析

对在分散式供应链结构下，零售商在一级市场上的期望销售量 $E[q_2^A]$ 的分析与在集中式供应链结构下的分析类似。分散式供应链结构下，零售商在一级市场上的实际销售量 q_2^A 如式（6－19）所示：

$$q_2^A = \begin{cases} Q_2^A, & D_{2A} \geq Q_2^A \\ D_{2A}, & D_{2A} < Q_2^A \end{cases} \tag{6-19}$$

根据式（6－19），有：

$$E[q_2^A] = \int_{\frac{Q_2^A}{d_{1A}}}^{\infty} Q_2^A \cdot f(x)dx + \int_0^{\frac{Q_2^A}{d_{2A}}} x \cdot d_{2A} \cdot f(x)dx \tag{6-20}$$

对式（6－20）进行计算，有：

$$E[q_2^A] = Q_2^A\left[1 - F\left(\frac{Q_2^A}{d_{2A}}\right)\right] + x \cdot d_{2A} \cdot F(x)\Big|_0^{\frac{Q_2^A}{d_{2A}}} - \int_0^{\frac{Q_2^A}{d_{2A}}} d_{2A} \cdot F(x)dx$$

$$= Q_2^A\left[1 - F\left(\frac{Q_2^A}{d_{1A}}\right)\right] + Q_2^A F\left(\frac{Q_2^A}{d_{2A}}\right) - d_{2A}\int_0^{\frac{Q_2^A}{d_{2A}}} F(x)dx$$

$$= Q_2^A - d_{2A}\int_0^{\frac{Q_2^A}{d_{2A}}} F(x)dx \tag{6-21}$$

通过式（6－21）得知零售商在一级市场上的期望销售量后，且根据式（6－8）有Q_i^B 条件概率密度函数的分布，可知零售商在分散式供应链结构下的期望利润函数为：

$$E[\Pi_2^R] = p_1 \cdot E[q_2^A] - \omega Q_2^A + b \cdot \int_0^{Q_2^A} \frac{Q_2^B}{d_{2A}} \cdot f\left(\frac{Q_2^A - Q_2^B}{d_{2A}}\right)dQ_2^B \tag{6-22}$$

将式（6－21）代入式（6－22），有：

$$E[\Pi_2^R] = p_1 \cdot \left[Q_2^A - d_{1A}\int_0^{\frac{Q_2^A}{d_{2A}}} F(x)dx\right] - \omega_2 Q_2^A + \frac{b_2}{d_{2A}} \cdot \int_0^{Q_2^A} Q_2^B \cdot f\left(\frac{Q_2^A - Q_2^B}{d_{2A}}\right)dQ_2^B \tag{6-23}$$

对式（6－23）关于 Q_2^A 求一阶导，得：

$$\frac{dE[\Pi_2^R]}{dQ_2^A} = p_1 \cdot \left[1 - F\left(\frac{Q_2^A}{d_{2A}}\right)\right] - \omega + \frac{b}{d_{2A}} \cdot d_{2A} \cdot F\left(\frac{Q_2^A}{d_{2A}}\right)$$

$$= p_1 - \omega + F\left(\frac{Q_2^A}{d_{2A}}\right) \cdot (p_1 - b) \tag{6-24}$$

令式（6－24）一阶条件为0，有：

$$F\left(\frac{Q_2^A}{d_{2A}}\right) = \frac{p_1 - \omega}{p_1 - b} \tag{6-25}$$

即零售商在一级市场上对制造商的最优订货量 $Q_2^{A*} = d_{2A} \cdot F^{-1}\left(\frac{p_1 - \omega}{p_1 - b}\right)$。

将式（6－5）代入 $Q_2^{A*} = d_{2A} \cdot F^{-1}\left(\frac{p_1 - \omega}{p_1 - b}\right)$，有：

$$Q_2^{A*}=\left[1-\frac{p_1^2-p_1p_2+p_2c_1}{p_1(1-\theta)+\theta c_1}\right]F^{-1}\left(\frac{p_1-\omega}{p_1-b}\right) \tag{6-26}$$

命题4　在分散式供应链结构下，零售商的最优订购量为 $Q_2^{A*}=\left[1-\frac{p_1^2-p_1p_2+p_2c_1}{p_1(1-\theta)+\theta c_1}\right]F^{-1}\left(\frac{p_1-\omega}{p_1-b}\right)$。

6.3.3.2　制造商面向在线二级市场销售的最优回购协议分析

在分散式供应链结构下，当零售商在一级市场上的销售结束后，制造商将零售商在一级市场上未售出的产品全部回购，并在在线二级市场上进行销售。对制造商在二级市场上的期望销售量 $E[q_1^B]$ 的分析如下。当已知制造商在在线二级市场上的供给量 Q_1^B 时，制造商在二级市场上的期望销售量分析类似于零售商在一级市场上的期望销售量的分析，有：

$$S[q_2^B]=Q_2^B-d_{2B}\int_0^{\frac{Q_2^B}{d_{2B}}}F(x)dx \tag{6-27}$$

又由式（6-8）可知 Q_2^B 条件概率密度函数的分布，基于此，制造商在二级市场上的期望销售量 $E[q_2^B]$ 如下：

$$E[q_2^B]=\frac{1}{d_{2A}}\cdot\int_0^{Q_2^A}S[q_2^B]f\left(\frac{Q_2^A-Q_2^B}{d_{2A}}\right)dQ_2^B \tag{6-28}$$

在给定零售商在一级市场上向制造商的订货量 Q_1^A 条件下，通过式（6-28）得知制造商在在线二级市场上期望销售量后，可知在分散式供应链结构下，制造商向零售商批发销售和回购，并向第三方独立电子商务平台支付费用后，在在线二级市场销售，所获得的利润总和的期望条件利润函数为：

$$\begin{aligned}E[\Pi_2^M\mid Q_2^A]=&(\omega-c_1)Q_1^A+\frac{p_2}{d_{2A}}\cdot\int_0^{Q_2^A}E[q_2^B]\cdot f_d\left(\frac{Q_2^A-Q_2^B}{d_{2A}}\right)dQ_2^B\\&-\frac{b+c_2}{d_{1A}}\cdot\int_0^{Q_2^A}Q_2^B\cdot f\left(\frac{Q_2^A-Q_2^B}{d_{2A}}\right)dQ_2^B\end{aligned} \tag{6-29}$$

制造商从零售商处回购，并在二级市场上销售，目的并不是想在二级市场上销售更多数量的产品，与零售商在一级市场上竞争。制造商的目的是通过合理地制定回购价格和批发价格，使零售商的订货量与其在集中式供应链系统中的最佳生产量相同。基于这一目标，可知制造商对最优回购协议的制定如下：

$$\begin{cases}\omega^*=p_1-k\cdot\left[p_1-c_1-p_2\int_0^{Q_1^{A*}}F\left(\frac{Q_1^{A*}-Q_1^B}{d_{1A}}\right)dF\left(\frac{Q_1^B}{d_{1B}}\right)\right]\\b^*=p_1-k\cdot(p_1+p_2-c_2)\end{cases} \tag{6-30}$$

其中，$0\leqslant k\leqslant 1$ 表示零售商面对制造商时的谈判能力。零售商接受回购协议的基础是其自身利润大于零。

至此，有命题5。

命题5　在分散式供应链结构下，在对供应链整体协调的目标下，制造商对零售商的最优批发价格为 $\omega^{*}=p_1-k\cdot\left[p_1-c_1-p_2\int_0^{Q_1^{A*}}F\left(\frac{Q_1^{A*}-Q_1^B}{d_{1A}}\right)dF\left(\frac{Q_1^B}{d_{1B}}\right)\right]$，在一级市场销售结束后，制造商对零售商在一级市场上未售出产品的最优回购价格为 $b^{*}=p_1-k\cdot(p_1+p_2-c_2)$。

由命题5可知，制造商与零售商签订回购协议的初衷并不是想抢夺零售商在一级市场内的利润，而是期望在存在策略型消费者的情况下，帮助零售商消化库存，实现供应链协调，这一点也与本章案例背景中介绍的实际情况较为相符。基于这一决策准则，可得到命题5中的结果。

在此最优回购协议下，零售商的最优利润函数为：

$$\Pi_2^{R*}=k\cdot\Pi_1^{M*}-k\cdot p_2\cdot\int_0^{Q_1^{A*}}\frac{Q_1^{A*}}{d_{2A}}\cdot f\left(\frac{Q_2^{A*}-Q_2^B}{d_{2A}}\right)\cdot F\left(\frac{Q_1^{A*}-Q_1^B}{d_{1A}}\right)dQ_1^B+k\cdot p_2\cdot\int_0^{Q_1^{A*}}F\left(\frac{Q_1^{A*}-Q_1^B}{d_{1A}}\right)F\left(\frac{Q_1^B}{d_{1B}}\right)dQ_1^B \quad (6-31)$$

制造商的最优利润函数为：

$$E[\Pi_2^{M*}\mid Q_2^{A*}]=(1-k)\Pi_1^{M*}+k\cdot p_2\cdot\int_0^{Q_1^{A*}}\frac{Q_1^{A*}}{d_{2A}}\cdot f\left(\frac{Q_2^{A*}-Q_2^B}{d_{2A}}\right)\cdot F\left(\frac{Q_1^{A*}-Q_1^B}{d_{1A}}\right)dQ_1^B-k\cdot p_2\cdot\int_0^{Q_1^{A*}}F\left(\frac{Q_1^{A*}-Q_1^B}{d_{1A}}\right)F\left(\frac{Q_1^B}{d_{1B}}\right)dQ_1^B \quad (6-32)$$

至此，有命题6。

命题6　在命题5给出的最优回购协议下，在分散式供应链结构中，零售商的最优利润函数为 $\Pi_2^{R*}=k\cdot\Pi_1^{M*}-k\cdot p_2\cdot\int_0^{Q_1^{A*}}\frac{Q_1^{A*}}{d_{2A}}\cdot f\left(\frac{Q_2^{A*}-Q_2^B}{d_{2A}}\right)\cdot F\left(\frac{Q_1^{A*}-Q_1^B}{d_{1A}}\right)dQ_1^B+k\cdot p_2\cdot\int_0^{Q_1^{A*}}F\left(\frac{Q_1^{A*}-Q_1^B}{d_{1A}}\right)F\left(\frac{Q_1^B}{d_{1B}}\right)dQ_1^B$。制造商的最优利润函数为 $E[\Pi_2^{M*}\mid Q_2^{A*}]=(1-k)\Pi_1^{M*}+k\cdot p_2\cdot\int_0^{Q_1^{A*}}\frac{Q_1^{A*}}{d_{2A}}\cdot f\left(\frac{Q_2^{A*}-Q_2^B}{d_{2A}}\right)\cdot F\left(\frac{Q_1^{A*}-Q_1^B}{d_{1A}}\right)dQ_1^B-$

$k \cdot p_2 \cdot \int_0^{Q_1^{A*}} F\left(\frac{Q_1^{A*} - Q_1^B}{d_{1A}}\right) F\left(\frac{Q_1^B}{d_{1B}}\right) dQ_1^B$。其中，$\Pi_1^{M*}$ 为在集中式供应链结构中，给定制造商最优生产量 Q_1^{A*} 时，制造商的最优利润。

6.4 本章小结

本章考虑存在回购协议、策略型消费者的在线二级市场决策分析。在销售季节开始前，零售商与供应商之间签订销售和回购协议，零售商面向一级市场销售。在一级市场销售结束后，供应商对剩余产品进行回购，并通过第三方独立电子商务平台在二级市场上进行销售。在此模型结构下，本章研究了集中式供应链最优回购协议，以及分散式供应链结构下零售商的最优订购量和制造商的最优回购协议。我们发现：①零售商和制造商面对策略型消费者时，一级市场和在线二级市场的需求会小于当制造商和零售商面对短视型消费者时各自在一级市场和在线二级市场上的需求量。②在集中供应链结构中，制造商向第三方独立电子商务平台支付的单位使用成本越高，其最优期望利润越少，制造商的最优生产量也越小。③在分散式供应链结构下，为令零售商的最优订购量等于集中式供应链下的制造商的最优生产量，制造商的最优批发价格和最优回购价格与零售商的议价能力有关。

本章的模型可以从以下三个方面进行拓展：①本章的模型构建将零售商在一级市场上的销售价格 p_1 和制造商在二级市场上的销售价格 p_2 作为外生参数，也即设定零售商和制造商在一级市场和二级市场上无定价权，这简化了本章的研究。未来的研究可将零售商与制造商的定价考虑到模型中以贴合实际情况。②本章将一级市场和二级市场内的所有消费者均假定为同质，在未来的拓展研究中，可以考虑异质性策略型消费者对制造商与零售商之间最优回购协议的影响。③本章在模型中未将第三方独立电子商务平台作为决策主体，实际中，第三方独立电子商务平台常常会与制造商之间发生博弈行为，所以，在下一步的研究中，可以考虑将第三方独立电子商务平台对制造商单位产品的销售收费作为决策变量加入模型中，以令模型更贴近现实背景。

7 总结

本书集中对具有二级市场的供应链进行研究分析，试图分析并解决在存在二级市场的供应链中零售商的定价问题、订购量问题、转换时机问题，以及与制造商之间的协调问题。本书的主体内容从对传统二级市场的研究开始，第 3 章分析了在传统二级市场情景下零售商的订购量决策和转换时机决策。在对传统二级市场上的问题进行研究的基础上，本书将电子商务蓬勃发展的实际背景与二级市场研究相结合，在第 4 章研究了具有电子商务的二级市场上，也即在线二级市场上，零售商的转换时机决策和二级市场上的供给量决策。更进一步地，在本书的第 5 章中，我们在电子商务渠道二级市场的基础上，分析了当市场上存在策略型消费者的情景下零售商在两级市场上的定价决策。在第 6 章，我们将制造商加入作为供应链的决策主体，考虑了存在策略型消费者和回购协议的在线二级市场下，制造商与零售商之间的供应链协调问题。

与以往的研究相比，本书的创新之处在于：首先，我们对传统二级市场的研究基于较宽松的需求分布假设，这令我们的研究更具有普遍性的应用意义。其次，本书在前人研究传统二级市场的基础上，将电子商务与二级市场的研究相结合，研究了因在线二级市场的存在使一级市场和二级市场需求交互影响的情景下，零售商的最优转换时机决策和供给量决策。最后，本书创新性地将策略型消费者的感知价值折扣因子和理性预期均衡引入在线二级市场的研究中，运用 Stackelberg 博弈模型，通过逆向归纳得到零售商的最优决策，在此基础上，研究了具有回购协议和策略型消费者的在线二级市场供应链协调问题，并在一定程度上分析了第三方独立电子商务平台对供应链系统的影响。

具体而言，本文主体 4 章的主要研究结论如下：

第 3 章研究了零售企业在传统的二级市场背景下的两阶段模型。研究结论表明：在传统二级市场上，零售商的收益函数关于转换时机和订购量决策是联合凹的，基于此可以求解出零售企业的最优决策。此外，零售商的订购量决策和转换时机决策之间不是简单的线性关系。这是因为零售企业的最终目标是提高自身利润而非清空库存，所以在进行销售市场转换时要权衡两个市场的潜在收益。我们还发现，对于边际成本较低的高利润行业来讲，并不需要在两个市场上都进行销售，企业应该在拥有最高潜在期望销售收益的市场上投放全部产品。而当不能改变市场转换时机时，任何市场上统计意义上的增强，零售企业都需要通过提高订货量以达到最优状态。

第 4 章研究了零售商在在线二级市场上关于转换时间和二级市场供应量决策的两阶段模型。研究结论表明：当在线二级市场为租赁市场时，零售商在二级市场上的最优供给量与其在一级市场和二级市场间的转换时机呈单调变化，最优供给量为转换时机决策的广义减函数。这是因为当给定一级市场与二级市场的转换时机后，零售商的决策目标是最大化二级市场上的利润，转换时机延后，为最大化二级市场上的销售利润，最优供给量减少。此外，零售商在二级市场上的最优供给量与消费者在二级市场上的需求率的衰减速度呈单调变化，当二级市场上需求衰减速度高时，最优供给量减少。而且，零售商一级市场和二级市场上销售的最优转换时机关于零售商在二级市场上获得单位产品的成本为广义增函数，对于二级市场边际成本过高的行业，零售商会选择不开设在线二级市场。

第 5 章将策略型消费者的等待行为引入到二级市场的定价分析中。研究结论表明：在一级市场上为策略型消费者、二级市场上为短视型消费者的供应链结构中，零售商在一级市场和二级市场上的期望需求要低于市场上均为短视型消费者的情景，且一级市场和二级市场上的期望需求受到零售商在两级市场上销售价格的影响，并依赖于消费者感知价格的具体分布。而且在分散式供应链结构下，零售商在一级市场和二级市场上的销售价格存在单调关系，零售商在二级市场上的最优销售价格为一级市场销售价格的广义增函数。此外，在集中式供应链结构下，零售商在一级市场和二级市场的最优销售价格和利润依赖于两级市场上消费者的规模，并受一级市场上消费者对二级市场销售产品感知价值折扣因子的影响。

第 6 章考虑存在回购协议、策略型消费者的在线二级市场决策分析。研究结论表明：策略型消费者的行为对供应链系统的订购量及系统的总利润的影响程度，取决于消费者对二级市场产品的接受程度。且在集中供应链结构中，制造商向第三方独立电子商务平台支付的单位使用成本越高，其最优期望利润越少，制造商的最优生产量也越小。在分散式供应链结构下，制造商可以通过制定最优回购合同的相关价格变量来实现供应链的整体协调。此外，我们的分析显示，零售商是否接受制造商的回购协议，依赖于策略型消费者对在线二级市场的接受程度。

参考文献

[1] Anderson C. K. , Wilson J. G. Wait or Buy? The Strategic Consumer: Pricing and Profit Implications [J]. Journal of the Operational Research Society, 2003, 54 (3): 299 - 306.

[2] A. K. Parlaktürk. The Value of Product Variety When Selling to Strategic Consumers [J]. Manufacturing & Service Operations Management, 2012, 14 (3): 371 - 385.

[3] A. Bazaraa M. S. , Sherali H. D. , Shetty C. M. Nonlinear Programming: Theory and Algorithms (3rd edition) [M] . John Wiley & Sons, Inc. , New Jersey, USA, 2006 (3) .

[4] A. P. Belobaba. Application of a Probabilistic Decision Model to Airline Seat Inventory Control [J]. Operations Research, 1989, 37 (2): 183 - 197.

[5] Arndorfer J. B. , Creamer M. Best Buy Taps Rap to Weed Out Angels, Devils [J]. Advertising Age, 2005, 76 (20): 8.

[6] Asvanunt A. , Kachani S. Optimal Purchasing Policy for Strategic Customers under Different Dynamic Pricing Models [C]. Presentation at 6th Annual INFORMS Revenue Management and Pricing Section Conference, 2006.

[7] A. J. Quelch, Hibbard J. D. , Yao J. Vestron. Case #9 - 520 - 002 (revised7/20/90) . Harvard Business School Press. Boston, MA, 1990.

[8] Aviv Y. , Pazgal A. Optimal Pricing of Seasonal Products in the Presence of Forward - Looking Consumers [J]. Manufacturing & Service Operations Management, 2008, 1 (4): 1 - 21.

[9] B. Pasternack. Optimal Pricing and Returns Policies for Perishable Commodities [J]. Marketing Science, 1985, 4 (2): 166 - 176.

[10] Bass, Frank. A New Product Growth Model for Consumer Durables [J]. Management Science, 1969, 15 (1): 215 -227.

[11] Bensanko D., Winston W. L. Optimal Price Skimming by a Monopolist Facing Rational Consumers [J]. Management Science, 1990 (36): 555 -567.

[12] Birchall J. Low - cost Stores Expand as Bigger Shops Falter [EB/OL]. http: //www. ft. com/cms/s/0/3c785144 - f732 - 11df - 9b06 - 00144feab49a. html# axzz16PPCIVlL, 2010.

[13] Bitran G. R., Mondschein S. V. Periodic Pricing of Seasonal Products in Retailing [J]. Management Science, 1997, 43 (1): 64 -79.

[14] Bitran R., Caldentey S. Mondschein. Coordinating Clearance Markdown Sales of Seasonal Products in The Retail Chains [J]. Operation Research, 1998, 46 (5): 609 - 624.

[15] Bitran G., Caldentey R. An Overview of Pricing Models for Revenue Management [J]. Manufacturing & Service Operations Management, 2003, 5 (3): 203 -229.

[16] Bulow J. I. Durable - goods Monopolists [J]. Journal of Political Economics, 1982, 90 (2): 314 -332.

[17] Bulow J. I. A Theory of Dual Labor Markets with Application to Industrial Policy, Discrimination and Keynesian Unemployment [J]. Theory of Dual Labor Markets, 1986: 376 -414.

[18] Cachon G. P. Supply Chain Coordination with Contracts [M]. North Holland: Handbooks in Operations Research and Management Science, 2004.

[19] C. Tsiros, C. M. Heilman. The Effect of Expiration Dates and Perceived Risk on Purchasing Behavior in Grocery Store Perishable Categories [J]. Journal of Marketing, 2005, 69 (1): 114 -125.

[20] Cachon G. P., Swinney R. Purchasing, Pricing, and Quick Response in The Presence of Strategic Consumers [J]. Management Science, 2009, 55 (3): 497 -511.

[21] Cachon G. P., Swinney R. The Impact of Strategic Consumer Behavior on the Value of Operational Flexibility [M]. Operations Management Models with Consumer - Driven Demand. S. Netessine and C. Tang, Springer, 2009b.

[22] C. C. Poirier, M. J. Bauer. E - Supply Chain: Using the Internet to Revolutionize Your Business: How Market Leaders Focus Their Entire Organization to Driving Value to Customers [M]. San Francisco, Berrett Koehler, 2000.

[23] Chang Hwan L. Coordinated Stocking, Clearance Sales, and Return Policies for a Supply Chain [J]. European Journal of Operational Research, 2001, 131 (3): 491 -513.

[24] Chiang W. K. , Chhajed D. Direct Marketing, Indirect Profits: A Strategic Analysis of Dual - channel Supply - chain Design [J]. Management Science, 2003, 49 (1): 1 -20.

[25] Chiang W. C. , Chen J. C. H. , Xu X. An Overview of Research on Revenue Management: Current Issues and Future Research [J]. International Journal of Revenue Management, 2007 (1): 97 -128.

[26] Chen S. X. , Gallego G. , Li M. , Lin B. Optimal Seat Allocation for Two - flight Problems with a Flexible Demand Segment [J]. European Journal of Operational Research, 2010, 201 (3): 897 -908.

[27] Childs R. B. The Movie Business Book 2nd Fireside ed. [M]. Simon and Schuster Inc. , NY, 1992.

[28] Chen Shi - Jie, Huang Enzhen. A Systematic Approach for Supply Chain Improvement Using Design Structure Matrix [J]. Journal of Intelligent Manufacturing, 2007, 18 (2): 285 -299.

[29] C. Y. Orbach. The Durapolist Puzzle: Monopoly Power in Durable - Goods Market [J]. Yale Journal on Regulation, 2004, 21 (1): 67 -119.

[30] Choi T. M. , Li D. , Yan H. M. Optimal Returns Policy for Supply Chain with E - marketplace [J]. International Journal of Production Economics, 2004, (88): 205 -227.

[31] Coase R. H. Durability and Monopoly [J]. Journal of Law and Economics, 1972, 15 (1): 143 -149.

[32] Conlisk J. , Gerstner E. , Sobel J. Cyclic Pricing by a Durable Goods Monopolist [J]. The Quarterly Journal of Economics, 1984, 99 (3): 489 -505.

[33] Corts K. S. On The Competitive Effects of Price - matching Policies [J]. International Journal of Industrial Organization, 1997, 15 (3): 283 -299.

[34] Coughlan A. T. , Soberman D. A. A Survey of Outlet Mall Retailing: Past, Present, and Future [R]. INSEAD Working Paper Series, 2004.

[35] Dellaert N. Production to Order: Models and Rules for Production Planning. In M. Beckmann & W. Krelle (Eds) [C] . Lecture Notes in Economics and Math-

ematical System. Berlin, Germany: Springer - Verilog, 1989: 1 -6.

[36] Donohue K. Efficient Supply Contracts for Fashion Goods with Forecast Updating and Two Production Modes [J]. Management Science, 2000, 46 (11): 1397 -1411.

[37] Drake M. J., Duran S., Griffin P. M., Swann J. L. Optimal Timing of Switches Between Product Sales for Sports and Entertainment Tickets [J]. Naval Research Logistics, 2008, 55 (1): 59 -75.

[38] Elmaghraby W., Gülcü A., Keskinocak P. Designing Optimal Preannounced Markdowns in the Presence of Rational Customers with Multiunit Demands [J]. Manufacturing & Service Operations Management, 2007, 11 (11): 1 -23.

[39] Elmaghraby W., Keskinocak P. Dynamic Pricing in The Presence of Inventory Considerations: Research Overview, Current Practices, and Future Directions [J]. Management Science, 2003 (49): 1287 -1309.

[40] Eliashberg Jehoshua, Sawhney Mohanbir S. Modeling Goes to Hollywood: Predicting Individual Differences in Movie Enjoyment [J]. Management Science, 1994, 40 (9): 1151 -1173.

[41] Eliashberg Jehoshua, Sanjeev Swami, Charles B. Weinberg, Berend Wierenga. Implementing and Evaluating SilverScreener: A Marketing Management Support System for Movie Exhibitors [J]. Interfaces, 2001, 31 (3): 108 -127.

[42] Feng Y., Gallego G. Optimal Starting Times for End - of - season Sales and Optimal Stopping Times for Promotional fares [J]. Management Science, 1995, 41 (8): 1371 -1391.

[43] Feng Y., Xiao B. C. Maximizing Revenues of Perishable Assets with a Risk Factor [J]. Operations Research, 1999, 47 (2): 337 -341.

[44] Feng Y. Y., Gallego C. Perishable Asset Revenue Management with Monrovian Time Dependent Demand Intensities [J]. Management Science, 2000, 46 (7): 941 -956.

[45] Feng Y., Xiao B. C. Optimal Policies of Yield Management with Multiple Predetermined Prices [J]. Operations Research, 2000, 48 (2): 332 -343.

[46] F. John Muth. Rational Expectations and The Theory of Price Movements [J]. Econometrica: Journal of the Econometric Society, 1961, 29 (3): 315 -335.

[47] Feng Y., Xiao B. C. A Risk - sensitive Model for Managing Perishable Products [J]. Operations Research, 2008, 56 (5): 1305 -1311.

[48] Ferdows K, Lewis M A, Machuca J. A. D. Rapid – Fire Fulfillment: Zara's Secret for Fast Fashion [J]. Harvard Business Review, 2004, 82 (11): 104 – 110.

[49] Fishman A., Rob R. Product Innovation by a Duable – good Monopoly [J]. The Rand Journal of Economics, 1998, 29 (2): 237 – 252.

[50] F. Nair. Intertemporal Price Discrimination with Forward – looking Consumers: Application to The US Market for Console Video – games [J]. Quantitative Marketing and Economics, 2007, 5 (3): 239 – 292.

[51] Gallego G., G. van Ryzin. Optimal Dynamic Pricing of Inventories with Stochastic Demand over Finite Horizons [J]. Management Science, 1994, 40 (8): 999 – 1020.

[52] Gallego G., G. van Ryzin. A Multiproduct Dynamic Pricing Problem and Its Applications to Network Yield Management [J]. Operations Research, 1997, 45 (1): 21 – 41.

[53] Goldberg F. Motion Picture Marketing and Distribution [M]. Butterworth – Heinemann. Stoneham, MA, 1990.

[54] Glasserman P., Tayur S. Sensitivity Analysis for Base – stock Levels in Multi – echelon Production – inventory Systems [J]. Management Science, 1995 (41): 263 – 281.

[55] Ghose A., Teland R., Krishnan R. Effect of Electronic Secondary Markets on the Supply Chain [J]. Journal of Management Information Systems, 2005, 22 (2): 91 – 120.

[56] Granot D., Sosic G. Formation of Alliances in Internet – based Supply Exchanges [J]. Management Science, 2005, 51 (1): 92 – 105.

[57] Golabi, Kamal. Optimal Inventory Policies When Ordering Prices Are Random [J]. Operations Research, 1985, 33 (3): 575 – 588.

[58] Hammond J., Raman A. Sport Obermeyer. Ltd. HBS Case NO. 9 – 695 – 022. Boston. MA: Harvard Business School Publishing, 1996.

[59] Heisen, Kristiaan, David Schmittlein. Some Characterizations of Stockpiling Behavior Under Uncertainty [J]. Marketing Letters, 1992 (3): 15 – 18.

[60] H. L. Lee, C. Billington. Managing Supply Chain Inventory: Pitfalls and Opportunities [J]. Management Review, 1992: 65 – 74.

[61] Holak S. L., Lehmann D. R., Sultan F. The Role of Expectations in the Adoption of Innovative Consumer Durables: Some Preliminary Evidence [J]. Journal of

Retailing, 1987, 63 (Fall): 67 -73.

[62] Hua Z. S., Li S. J. Impacts of Demand Uncertainty on Retailer's Dominance and Manufacturer - retailer Supply Chain Cooperation [J]. Omega, 2008, 36 (5): 697 -714.

[63] Hugos M. H., Thomas C. The Retail Distribution Channel in Supply Chain Management in the Retail Industry [M]. Wiley, 2005: 31 -42.

[64] Jayashankar M. Swaminathan, Sridhar R. Tayur. Models for Supply Chains in E - business [J]. Management Science, 2003, 49 (100): 1389 - 1406.

[65] Johnson M. E., Anderson E. Postponement Strategies for Channel derivatives [J]. The International Journal of Logistics Management, 2001, 11 (1): 19 -35.

[66] Kalish Shlomo. A New Product Adoption Model with Price, Advertising, and Uncertainty [J]. Management Science, 1985, 31 (12): 1569 -1585.

[67] Kannan P. K., Kopalle P. K. Dynamic Pricing on The Internet: Importance and Implications for Consumer Behavior [J]. Int. J. Electron. Commerce, 2001, 5 (3): 63 -83.

[68] Kincaid W. M. D., Darling D. A. An Inventory Pricing Problem [J]. Journal of Mathematical Analysis and Application, 1963 (7): 183 -208.

[69] Khouja M., Robbins S. S. Optimal Pricing and Quantity of Products with Two Offerings [J]. European Journal of Operational Research, 2005, 163 (2): 530 -544.

[70] Kleywegt A. J., Shapiro A. Handbook of Industrial Engineering: Technology and Operations Management [M]. Third Edition, John Wiley & Sons, Ltd, New York, Chapter 102 - Stochastic Optimization, 2001: 2625 -2650.

[71] Krider, Robert E, Charles B. Weinberg. Competitive Dynamics and The Introduction of New Products: The Motion Picture Timing Game [J]. Journal of Marketing Research, 1998, 35 (2): 1 -15.

[72] Littlewood K. Forecasting and Control of Passangers [J]. 12th AGIFORS Symposium Proceedings. Nathanya, Israel, 1972: 95 -128.

[73] Levin Y., McGill J., Nediak M. Dynamic Pricing in The Presence of Strategic Consumers and Oligopolistic Competition [J]. Management Science, 2009, 55 (1): 32 -46.

[74] Lau A. H. L., Lau H. S. Manufacturer's Pricing Strategy and Return Policy for a Single - period Commodity [J]. European Journal of Operational Research,

1999, 116 (2): 291 - 304.

[75] Lau A. H. L., Lau H. S., Willett K. D. Demand Uncertainty and Returns Policies for a Seasonal Product: An Alternative Model [J]. International Journal of Production Economics, 2000 (66): 1 - 12.

[76] Landsberger M., Meilijson I. Intertemporal Price Discrimination and Sales Strategy under Incomplete Information [J]. The RAND Journal of Economics, 1985, 16 (3): 424 - 430.

[77] Lawrence R. Weatherford, Samuel E. Bodily. A Taxonomy and Research Overview of Perishable - asset Revenue Management: Yield Management, Overbooking, and Pricing [J]. Operations Reasearcht, 1992, 40 (5): 831 - 844.

[78] Lazear E. P. Retail Pricing and Clearance Sales [J]. The American Economic Review, 1986, 76 (1): 14 - 32.

[79] Lee H., Whang S. The Impact of The Secondary Market on The Supply Chain [J]. Management Science, 2002, 48 (6): 719 - 731.

[80] Lehmann D. R., Weinberg C. B. Sales through Sequential Distribution Channels: An Application to Movies and Videos [J]. Journal of Marketing, 2000 (64): 18 - 33.

[81] Luo Y., M. C. Zhou, R. J. Caudill. An Integrated E - supply Chain Model for Agile and Environmentally Conscious Manufacturing [J]. IEEE/ASME Transactions, 2001, 6 (4): 377 - 386.

[82] Mahajan Vijay, Eitan Muller. Timing, Diffusion, and Substitution of Successive Generations of Technological Innovations: The IBM Mainframe Case [J]. Technological Forecasting and Social Change, 1996, 51 (2): 109 - 132.

[83] Moorthy K. S. Consumer Expectations and The Pricing of Durables [M]. Issues in Pricing, Lexington Books, Lexington, MA, 1988.

[84] Narahari Y., et al. Dynamic Pricing Models for Electronic Business [J]. Sadhan, 2005, 30 (2): 231 - 256.

[85] Narasimhan C. Incorporating Consumer Price Expectations in a Diffusion Model [J]. Marketing Science, 1989, 8 (4): 343 - 357.

[86] Nicholas C. Petrezzi, George E. Monahan. Managing Fashion Goods Inventories: Dynamic Recourse for Retailers with Outlet Stores [J]. IIE Transactions, 2003 (35): 1033 - 1047.

[87] Nicholas C. Petrezzi, Maqbool Dada. Pricing and The Newsvendor Problem: A Review with Extensions [J]. Operations Reasearcht, 1999, 47 (1): 183 – 194.

[88] Nocke V., Peitz M. Hyperbolic Discounting and Secondary Markets [J]. Games and Economic Behavior, 2003, 44 (1): 77 – 97.

[89] Praveen Kumar. Price and Quality Discrimination in Durable Goods Monopoly with Resale Trading [J]. International Journal of Industrial Organization, 2002 (20): 1313 – 1339.

[90] Q. Liu, G. J. van Ryzin. Strategic Capacity Rationing to Induce Early Purchases [J]. Management Scicence, 2008, 54 (6): 1115 – 1131.

[91] R. Metters, R. Verma. History of Offshoring Knowledge Services [J]. Journal of Operations Management, 2008, 26 (2): 141 – 147.

[92] R. Waldman. Durable Goods Theory for Real World Markets [J]. The Journal of Economic Perspectives, 2003, 17 (1): 131 – 154.

[93] Rao R. C. Pricing Research in Marketing: The State of The Art [J]. Journal of Business, 1984 (57): 39 – 64.

[94] Rozhon. Worried Merchants Throw Discounts at Shoppers [J]. New York Times, 2004.

[95] R. Timothy Wallace, Alan Seigerman, Morris B. Holbrook. The Role of Actors and Actresses in The Success of Films: How Much Is a Movie Star Worth? [J]. Journal of Cultural Economics, 1993, 17 (1): 1 – 27.

[96] S. Panda, S. Senapati, M. Basu. Optimal Replenishment Policy for Perishable Seasonal Products in a Season with Ramp – type Time Dependent Demand [J]. Computers & Industrial Engineering, 2008 (54): 301 – 314.

[97] S. Pant, R. Sethi, M. Bhandari. Making Sense of The E – supply Chain Landscape: An Implementation Framework [J]. International Journal of Information Management, 2003, 23 (3): 201 – 221.

[98] Sa Vinhas A., Chatterjee S., Dutta S., Fein A., Lajos J., Neslin S., Scheer L., Ross W., Wang Q. Channel Design, Coordination, and Performance: Future Research Directions [J]. Marketing Letters, 2010 (21): 223 – 237.

[99] Scholsser J. Markdown Lowdown [J]. Fortune, 2004, 149 (1): 40.

[100] Seifert R. W., Thonemann U. W., Marcel A. S. Integrating Direct and Indirect Sales Channels under Decentralized Decision – making [J]. International Journal

of Production Economics, 2006 (103): 209 -229.

[101] S. Weise. Film and Video Marketing [M]. Focal Press, Stoneham, MA, 1989.

[102] Smith B. C., Leimkuhler J. F., et al. Yield Management at American Airlines [J]. Interfaces, 1992, 22 (1): 8 -31.

[103] Snigdha, Banerjee, Ashish, Sharma. Inventory Model for Seasonal Demand with Option to Change The Market [J]. Computers & Industrial Engineering, 2010 (59): 807 -818.

[104] Stephen Boyed, Lieven Vandenberghe. Convex Optimization [M]. Cambridge University Press, New York, 2004: 79 -90.

[105] Stockey N. Rational Expectations and Durable Goods Pricing [J]. Bell Journal of Economics, 1981: 112 -128.

[106] Stockey N. Intertemporal Price Discrimination [J]. Quarterly Journal of Economics, 1979 (94): 355 - 371.

[107] Su X. Bounded Rationality in Newsvendor Models [J]. Manufacturing & Service Operations Management, 2008, 10 (4): 566 -589.

[108] Su X. Consumer Returns Policies and Supply Chain Performance [J]. Manufacturing & Service Operations Management, 2009a, 11 (4): 592 -612.

[109] Su X. A Model of Consumer Inertia with Applications to Dynamic Pricing [J]. Production and Operations Management, 2009b, 18 (4): 365 -380.

[110] Su X. Optimal Pricing with Speculators and Strategic Consumers [J]. Management Science, 2010a, 56 (1): 25 -40.

[111] Su X. Intertemporal Pricing and Consumer Stockpiling [J]. Operations Research, 2010b, 58 (4): 1133 -1147.

[112] Su X., Zhang F. Strategic Customer Behavior, Commitment, and Supply Chain, Performance [J]. Management Science, 2008, 54 (10): 1759 -1773.

[113] Su X., Zhang F. On The Value of Commitment and Availability Guarantees When Selling to Strategic Consumers [J]. Management Science, 2009, 55 (5): 713 -726.

[114] Tayur S., Ganeshan R., Magazine M. Quantitative Models for Supply Chain Management [M]. Boston: Kluwer, 1998.

[115] Talluri K. T., van Ryzin G. J. The Theory and Practice of Revenue Man-

agement [M]. Kluwer Academic Publishers, Boston, 2004.

[116] Tibben – Lembke, R. S. Strategic Use of the Secondary Market for Retail Consumer Goods [J]. California Management Review, 2004, 46 (2): 90 – 104.

[117] Tsay A. A. Managing Retail Channel Overstock: Mark Down Money and Return Policies [J]. Journal of Retailing, 2001 (77): 457 – 492.

[118] Tsay A., Agrawal N. Channel Conflict and Coordination in The E – commerce Age [J]. Production and Operations Management, 2004, 13 (1): 93 – 110.

[119] V. Kumar, M. Hurley, K. Karande, W. J. Reinartz. The Impact of Internal and External Reference Prices on Brand Choice: The Moderating Role of Contextual Variables [J]. Journal of Retailing, 1998, 74 (3): 401 – 426.

[120] Wang C. X., Benaroch M. Supply Chain Coordination in Buyer Centric B2B Electronic Markets [J]. International Journal of Production Economics, 2004, 92 (2): 113 – 124.

[121] Wilson Lynn O., John A. Norton. Optimal Entry Timing for a Product Line Extension [J]. Marketing Science, 1989, 8 (1): 1 – 17.

[122] Wang Minhong, Jiming Liu, Huaiqing Wang, William K. Cheung, Xiaofeng Xi. On – demand E – supply Chain Integration: A Multi – agent Constraint – based Approach [J]. Expert Systems with Applications, 2008 (34): 2683 – 2692.

[123] Webster S., Weng S. K. A Risk – free Perishable Item Returns Policy [J]. Manufacturing and Service Operations Management, 2000, 2 (1): 100 – 106.

[124] Winer R. S. A Price Vector Model of Demand for Consumer Durables: Preliminary Developments [J]. Marketing Science, 1985, 4 (1): 74 – 90.

[125] Zhao W., Y – S Zheng. Optimal Dynamic Pricing for Perishable Assets with Nonhomogeneous Demand [J]. Management Science, 2000, 46 (3): 375 – 388.

[126] Zhou Y. P., M. Fan, M. Cho. On The Threshold Purchasing Behavior of Customers Facing Dynamically Priced Perishable Products [R]. Working Paper, 2005.

[127] [美] 艾里克·拉斯姆森. 博弈与信息——博弈论概论 [M]. 北京: 中国人民大学出版社, 2009.

[128] [美] 波里尔, 鲍尔. 电子供应链管理 [M]. 谢冬梅, 刘祥亚, 贾哲译. 北京: 机械工业出版社, 2002.

[129] 程大为. 电子商务的定价战略 [J]. 商业经济与管理, 2000 (1): 18 – 21.

[130] 常志平, 蒋馥. 偏向买方的E化供应链的协调与激励 [J]. 工业工程

与管理，2003，8（6）：1－5.

［131］陈平．收入管理在易逝性高科技产品管理中的应用研究［J］. 科技与经济，2005（1）：54－56.

［132］丁立言，张铎．供应链管理实用建模方法与数据挖掘［M］. 北京：清华大学出版社，2010.

［133］杜少甫，杜婵，梁樑，刘天卓．考虑公平关切的供应链契约与协调［J］. 管理工程学报，2010，13（11）：41－48.

［134］冯宁，徐博艺．E 化供应链管理［J］. 工业工程与管理，2001（6）：18－21.

［135］龚六堂，苗建军．动态经济学方法［M］. 北京：北京大学出版社，2002.

［136］官振中，黄深泽，史本山．基于收益管理的季节性商品动态定价策略［J］. 西南交通大学学报，2005（5）：696－670.

［137］黄丽娟．基于互联网的中国物流供应链协调平台的研究——以江西省的图书物流供应链协调平台为例［J］. 商业经济与管理，2005（8）：26－31.

［138］黄涛．博弈论教程——理论·应用［M］. 北京：首都经济贸易大学出版社，2004.

［139］黄为，刘永俊．航空公司收益管理初探［J］. 民航经济与技术，1998（5）：21－28.

［140］韩小芸．电子商务时代企业的定价策略［J］. 企业经济，2002（4）：118－119.

［141］［美］肯特．门罗．定价—创造利润的决策［M］. 孙忠译．北京：中国财政经济出版社，2005.

［142］刘德文，萧柏春，鲁若愚．易逝性高新技术产品在衰退期的收入管理问题［J］. 管理科学学报，2003（6）：66－71.

［143］刘军，邱莞华．航空客运收益管理的结构模型［J］. 北京航空航天大学学报（社会科学版），2000，13（4）：17－21.

［144］刘军，邱莞华．关于收益管理问题的描述及分类［J］. 民航经济与技术，2000（7）：49－50.

［145］刘晓峰．易逝品的动态定价机制与消费者策略行为研究［D］. 上海交通大学博士学位论文，2007.

［146］刘小艳，王莺．替代性易逝品降价时点设定问题的博弈分析［J］. 开

发研究，2011（2）：140－142.

［147］刘志荣．网络营销与传统营销的合作制胜［J］．计划与市场，2000（10）：33.

［148］刘志学．现代物流手册［M］．北京：中国物资出版社，2001.

［149］刘晓峰，黄沛．基于策略型消费者的最优动态定价与库存决策［J］．管理科学学报，2009，12（5）：18－26.

［150］李豪．竞争环境下考虑顾客行为的易逝品动态定价策略研究［D］．重庆大学博士学位论文，2010.

［151］李敬．电影产业化的机构理论问题［J］．中国电影市场，2002（3）.

［152］李伟，刘湘蓉．最优停止理论在电子供应链伙伴关系评价中的应用［J］．中国电影市场，2002（3）：21－24.

［153］李艳华．帕累托最优与航空客运中的超售［J］．中国民航学院学报，2000，18（2）：18－22.

［154］林耀山，周晶，杨慧．高科技产品的市场竞争特性分析［J］．现代管理科学，2005（2）：8－10.

［155］罗利，萧柏春．收入管理理论的研究现状及发展前景［J］．管理科学学报，2004（5）：75－83.

［156］马士华，林勇，陈志祥．供应链管理［M］．北京：机械工业出版社，2000.

［157］孟庆峰，范明，李真．基于返回策略的供应链网络竞争绩效研究［J］．中国管理科学，2012，20（5）：122－130.

［158］牛筱颖．耐用品理论研究综述［J］．经济学动态，2005（10）：99－104.

［159］彭志强．面向策略性消费者的动态定价及应对机制研究［D］．重庆大学博士学位论文，2010.

［160］申成霖，张新鑫．运营管理中策略性消费行为研究述评与展望［J］．外国经济与管理，2010，32（7）：40－48.

［161］魏轶华，胡奇英．顾客有最大、最小保留价格的连续时间收益管理［J］．管理科学学报，2002，6（6）：47－52.

［162］肖勇波，陈剑，刘晓玲．基于乘客选择行为的双航班机票联合动态定价模型［J］．系统工程理论与实践，2008（1）：46－55.

［163］熊中楷等．动态定价新视角［M］．北京：科学出版社，2010.

［164］熊中楷，李根道，唐彦昌，李薇．网络环境下动态定价的渠道协调问

题研究［J］. 管理工程学报，2007，21（3）：49－55.

［165］熊洪川. 基于回购合同的B2B电子供应链协调研究［D］. 重庆大学硕士学位论文，2007.

［166］杨慧，周晶. 易逝品降价时点设定问题的Cournot博弈模型［J］. 中国管理科学，2006，14（4）：45－50.

［167］杨慧，周晶. 易逝品降价时点设定问题的Stackelberg博弈模型［J］. 管理工程学报，2007，14（4）：104－111.

［168］晏妮雅，黄小原，刘兵. 电子市场环境中供应链双渠道主从对策模型［J］. 中国管理科学，2007（3）：98－102.

［169］钟宝篙，李悍，李宏余. 基于供应链的合作促销与定价问题［J］. 中国管理科学，2004（6）：69－74.

［170］张成海. 供应链管理技术与方法［M］. 北京：清华大学出版社，2002.

［171］赵林度. 供应链与物流管理：理论与实务［M］. 北京：机械工业出版社，2003.

［172］张勇. 基于电子商务过程的易逝品收益描述与动态定价研究［D］. 电子科技大学硕士学位论文，2009.

［173］张文杰. 电子商务下的物流管理［M］. 北京：清华大学出版社，北京交通大学出版社，2003.

［174］张雪江. 论电子商务产品的定价策略与方法［J］. 企业经济，2003（1）：40－41.

［175］郑晓娜，黄涛. 窜货现象的供应链模型分析［J］. 管理世界，2010（9）：745－765.

［176］周晶，杨慧. 收益管理方法与应用［M］. 北京：科学出版社，2009.

［177］左丹青. 基于消费者个体差异的易逝性高科技产品价值感知的实证研究［D］. 中南大学硕士学位论文，2008.

［178］王博雅. 基于服务质量的产品动态定价策略研究［D］. 中央民族大学硕士学位论文，2012.

［179］王虹，周晶. 二级电子市场下主导者不同的供应链协调［J］. 工业工程，2009，12（1）：107－110.

［180］徐家旺，黄小原，邱若臻. 需求不确定环境下闭环供应链运作的鲁棒运作策略设计［J］. 中国管理科学，2007，12（1）.

后　记

与以往大多数学者的研究结论相比，本书关注了具有二级市场的供应链研究问题。本书的贡献不仅在于研究了零售商在一级市场和二级市场上的定价问题，还创新性地研究了一级市场与二级市场的销售转换时机决策，而且在考虑策略型消费者的模型下，探讨了供应链系统的协调机制。

本书借鉴了以往文献中的一些模型假定，得到一系列有意义的结果，为零售商在实际的商业世界中在二级市场上的销售和订购决策提供指导。例如，本书给出了零售商在传统和在线二级市场上如何确定市场间最优转换时机的方法，指出对于高边际利润行业的零售企业而言，零售企业的最优销售决策是只在拥有最高潜在期望销售收益的市场上进行销售。而且，我们知道策略型消费者的行为会对零售商的利润带来损害，在存在策略型消费者的在线二级市场上，零售商的最优销售价格和利润依赖于策略型消费者对二级市场销售产品感知价值折扣因子的影响，这为零售企业的实际销售提供了理论支持。更进一步地，在制造商与零售商的供应链协调问题上，本书在存在策略型消费者和在线二级市场的情境下，对最优回购协议进行分析，为制造商和零售商实现供应链最优运用效率给出了建议。

当然，本书的研究仍存在一定的局限与不足。例如，没有考虑竞争环境及存在寡头和垄断竞争的情况下，一级市场和二级市场间的协调机制；在对一级市场和二级市场上消费者感知价值的构建上，仅考虑了产品销售价格的影响，没将其他因素考虑到模型中；没有考虑具有两级市场的零售企业同供应商之间的风险分担和供应链协调机制；在存在回购协议的供应链系统中，简化了对第三方独立电子商务平台的研究，未考虑其作为决策主体对供应链绩效的影响。以上这些都是将来可以进一步研究的地方。